公司制度与流程设计
落地全案

杨 扬◎著

中国商业出版社

图书在版编目（ＣＩＰ）数据

公司制度与流程设计落地全案 / 杨扬著. -- 北京：中国商业出版社, 2023.10

ISBN 978-7-5208-2565-8

Ⅰ.①公… Ⅱ.①杨… Ⅲ.①公司－企业管理制度－中国 Ⅳ.①F279.246

中国国家版本馆CIP数据核字(2023)第140534号

责任编辑：包晓嫱

（策划编辑：佟　彤）

中国商业出版社出版发行

（www.zgsycb.com 100053 北京广安门内报国寺 1 号）

总编室：010-63180647　编辑室：010-83118925

发行部：010-83120835/8286

新华书店经销

香河县宏润印刷有限公司印刷

*

710 毫米 ×1000 毫米　16 开　13.5 印张　170 千字

2023 年 10 月第 1 版　2023 年 10 月第 1 次印刷

定价：68.00 元

****

（如有印装质量问题可更换）

前言

　　企业管理的规范化和制度化一直是各企业追求的目标，这需要通过建立科学合理的管理制度和业务流程来实现。然而，现实中许多公司在这方面虽然付出了较大努力，却始终没有达到预期效果。究其原因，主要是公司在制度和流程的设计及其制定与实施过程中出现了问题。有的公司没有基于自身实际情况设计符合需要的制度和流程，而是简单地生搬硬套其他公司的规章制度和流程，或者简单地聘请一些咨询机构为自己设计几条象征性的制度和流程；有的公司对制度和流程的构思、拟定及发布实施的整个过程缺乏完整的管理方法，没有构建出程序化、规范化、标准化的方式方法；有的在设计出新制度和新流程后，没有组建专门的人员或机构将其传达和讲解给全体成员，导致其只传递到部门领导一层，在具体施行中出现"政令不畅"的情况；有的在制度和流程执行过程中没有建立起有效的监督和制约机制，致使制度和流程沦为"一纸空文"……

　　制度和流程的设计是一个系统工程，需要站在战略和全局的高度，厘清企业管理的脉络，并以科学的理念与方法论进行顶层设计。而制度和流程的落地实施更是一个系统工程，需要在颁布初期和后续的实施过程中定期组织宣传培训；需要领导者和管理者充分发挥表率作用，带头遵守制度和流程的执行；需要在企业内部建立行之有效的制度和流程执行监督机制及奖励机制；需要建立一套行之有效的监督制度和流程执行的检查、稽核机制；需要学会及时纠正或停止实施中的不合理的制度和流程；需要适时优化更新制度和流程；需要创造制度和流程落地执行的氛围等。只有对制度和流程的设计与制定、落地与持续优化进行全方位的、长期的管理，才能真正发挥出制度和流程的应有作用。

基于上述，本书力避宏观的理论阐述，努力从落地实操层面对制度和流程予以阐述。本书包括上、下两篇内容。上篇包括制度方圆、制度设计、制度执行、制度监督与考核四章，详细介绍了如何立足于人本身，设计出合理、利于执行的制度；下篇包括流程逻辑、流程设计、流程执行、流程优化、流程检查五章，阐述了如何立足事情本身，设计出简洁、符合实际又利于执行的流程。内容详细又全面，旨在帮助企业建立一套行之有效的制度和流程系统，规范企业管理，提振企业经营力，提升全员执行力；同时为企业管理者组织和推进相关工作提供重要的理论支撑和方法指引。

当然，书中给出的方法和路径，仍需要管理者结合企业实际进行灵活运用。理论只能起到引领和启迪的作用，真正推动企业进步的动力还是管理者的智慧和睿智，这也是很多企业忽略的一个环节。更具体地说，制度和流程的制定与落地首先需要管理者持之以恒地全面把握，其次是全体员工的执行。尤其是在执行过程中，要对全体员工进行系统而深入的宣传培训，使大家充分理解新制度中蕴含的管理理念，熟练掌握新流程各环节的具体操作要点。而管理者则需要投入时间对员工进行引导，解答其疑问，建立监督、奖惩机制等，方可实现新管理模式的内化于心、外化于行。

本书不仅适合企业各级管理者阅读，也可用于各机关团体、企事业单位培训员工。通过本书的学习，读者可以掌握制度和流程设计与落地的关键理论、方法与技巧，从而在实际工作中避开盲点，发挥制度与流程的最大效用，真正实现理论与实践的有效结合。

第三章
制度执行：打造企业制度执行力

第四章
制度监督与考核：监督考核制度执行，企业才能行稳致远

下篇　流程管事

第五章
流程逻辑：打造简洁高效的企业流程

第六章
流程设计：规范工作流程，提高工作效率

第七章
流程执行：用流程约束人，并让人正确地做事

第八章
流程优化：对流程进行梳理、完善及改进

第九章
流程检查：让流程执行更有序

上篇

制度管人

第一章
制度方圆：制定真正合法、合算、合理的制度

无规矩不成方圆，无制度则无企业，制度的重要性对于一个企业无须多言。制定规章制度是一个系统工程，需要相关部门和人员通力合作，否则很难形成真正符合企业需求且易于实施的规章制度。要从合规、财务、人事、法律依据、合法、合算、合理等多方面予以考虑，缺少其中的任何一个方面，规章制度都是不完整和不科学的。在制定过程中也要严格按照科学合理的步骤进行，如果各步骤的工作只是形式上的应付，规章制度的实效性必将大打折扣。

制定公司规章制度的三个维度：合规、财务、人事

公司规章制度指的是公司组织劳动过程和实施劳动管理的所有规则和制度的总和，是公司内部组织行为和个人行为的标准和规定，因而被称为公司内部的"法律"。制定这样的"法律"，无疑需要从专业角度进行深度思考，然后再在制度内容上实现有机统一。在制定过程中，要按照三个维度即合规、财务、人事来进行，这是管理层制定完备规章制度的方法论，我们应该

将其掌握。

第一，从"合规"的维度制定公司规章制度

"合规"维度主要考虑的是规章制度对相关法律法规的遵循，较之"守法"的概念，"合规"关注的不再仅仅是不违反法律法规的要求，更关注主动预防法律法规警示的风险，如制定反舞弊制度、知识产权保护与管理制度、商业秘密与数据安全制度等，来规范公司合法运营并对公司的运营进行风险控制。从"合规"的维度制定公司规章制度，关键是要对相关的法律法规有全面理解，然后将其要求落实到规章制度之中。比如，反舞弊制度要考虑相应的反商业贿赂法律，知识产权制度要考虑专利法、著作权法和商标法的相关规定，信息安全制度需要兼顾反不正当竞争法与个人信息保护法的要求等。只有深入理解法规内涵，才能将其精髓融入规章制度。

一是透彻理解相关法律法规设立的目的。这是制定合规规章制度的基础。公司管理层和规章制度起草人需要广泛调研相关法律法规，理解法规背后的立法目的和管理要求。只有达到"穿透表象见本质"级别的理解，才能在规章制度中准确体现法规要求。

二是识别法规之间的关系。很多法规之间存在相互补充或彼此制约的关系，这需要在制度制定过程中结合公司自身的业务特点，对适用法律的侧重点加以识别和权衡，如知识产权法与反垄断法之间的关系等。必须处理好不同法规间的关系，避免规章制度的冲突或漏洞。

三是区分硬性规定和软性规定。法律法规中的要求因其不同的立法位阶和司法实务，可以不成文地划分为"硬性规定"和"软性规定"，这需要在规章制度制定中灵活掌握。硬性规定必须严格执行，软性规定可以根据实际情况作出调整。区分不同条文的不同权重，有助于提高制度的可操作性。

四是说明责任和追责机制。合规规章制度必须明确相应的责任主体和追责措施。如制定反舞弊规章必须指明相关岗位的监督责任，并建立严密的追责机制；制定数据安全规章必须明确各部门和岗位对数据安全的责任，并对违规行为设置相应惩戒。好的责任和追责机制，不仅可以起到事后惩戒的作用，还可以在事前产生警戒效果，事半功倍。

五是定期评审和修订。法律法规会随时进行修订和完善，公司也会面临各种业务环境的变化。这就需要对已经制定的规章制度定期进行评审和修订，以适应最新法规要求和公司实际情况。只有通过定期评审，才能保证规章制度的持续合规性。

总之，理解法规要求、识别法规关系、区分规定性质、落实责任追责、定期评审修订这五个方面工作的有效实施，是制定高质量合规规章制度，实现公司治理与法治高度契合的关键所在。

第二，从"财务"的维度制定公司规章制度

"财务"维度主要考虑的是规章制度对公司财务管理和风险控制的作用。公司需要制定相应的资金管理制度、采购制度、费用报销制度等来规范公司的财务运作。从"财务"的维度制定公司规章制度，关键是要加强对公司业务模式和资金链的分析，明确各项业务对资金的使用要求，以及资金流转的路径和方式，然后将管理要点转化为制度规定，如资金管理制度要考虑业务资金需求最小化和闲置资金最大化，采购制度要防范采购风险和确定合理的性价比等。只有深刻理解公司财务运行机制，才能制定出有效的财务管理规章制度。

一是分析公司财务模式，这是公司财务管理制度设计的出发点。要分析公司的业务模式、资金链条、成本结构等，需彻底弄清楚公司财务运行的整体机制，明确各项业务对资金的需求、资金的来源和运用方式等。只有真正掌握公司财务模式，才能制定出切合实际的财务管理规章制度。

二是识别财务风险。在财务模式的分析基础上，需要识别模式运行过程中的各类风险，如资金链断裂风险、成本控制风险、资产减值风险等。风险识别清晰明了，制度的防范措施才会更加精确有效。

三是落实管理要点。要将公司财务管理的各个要点，如资金统筹、成本控制、资产管理、税收管理等具体项目落实在规章制度之中。拿资金管理制度来说，其需要规定资金预算的编制和执行，以及资金计划与实际支出的核对机制等。

四是分解责任和权限。要在规章制度中明确各管理岗位在财务管理中的责任和权限，建立审批制度和监督制衡机制，如制定费用报销制度需要具体到每个审批级别的责任和权限等。责任权限清晰才能真正发挥制度的管理作用。

五是构建内控机制。财务规章制度要与公司整体的内部控制制度融会贯通。通过制度建构完备的内部控制流程，实现对公司财务运作的有效监督和风险防范。只有让内控机制堵塞制度漏洞，制度才能真正达到管理目的。

总之，分析财务模式、识别财务风险、落实管理要点、分解责任权限、构建内控机制这五个方面工作的全面推进，是制定管用的公司财务规章制度，实现财务管理与公司治理深度融合的关键所在。

第三，从"人事"的维度制定公司规章制度

"人事"维度主要考虑的是规章制度对公司人力资源管理的支撑作用。公司需要制定招聘制度、绩效考核制度、薪酬制度、培训制度等来指导和约束员工在公司内部的各种行为。从"人事"维度制定公司规章制度，关键是要根据公司的发展战略和组织文化，明确员工所需的知识结构、技能结构和价值观念，然后通过规章制度将这些要求转化为具体的人事管理措施，如招聘制度要选择观念与才能均和公司契合的人才，绩效考核制度要评估员工对战略及目标达成的贡献作用，薪酬制度需要激励员工的长期发展等。只有准确地理解人力资源对公司发展的重要性，才能制定出科学高效的人事管理规章制度，主要从以下几个方面入手：

一是准确理解公司战略与文化。人事规章制度的制定必须对照公司的发展战略和企业文化，确定人力资源的定位和发展方向。若公司战略需要创新型人才，制度上就要加大招聘和培训力度；若公司文化重视团队，制度上就要强化绩效考核的团队贡献因素，倡导并鼓励更多的团队磨合等。

二是优化人力资源配置。要分析公司业务与岗位对人力资源的需求，合理配置和控制人员结构和总量，追求更优的人效收益。公司需要制定人员考核和增减机制，实现人力资源的最优配置。人岗匹配和人力成本控制离不开人事规章制度的管理作用。

三是建立人才选育机制。要从招聘入手，建立系统的人才选拔机制，识别与公司需要契合的人才。还要通过培训及员工职业生涯规划等制度，建立人才培育机制，不断提升人力资源的知识和能力，实现人才的系统输出。

四是精准薪酬激励。要通过绩效考核等手段落实到每个员工，并与薪酬实现有效链接。要建立科学的薪酬体系，实现收入与绩效挂钩，推动员工的积极性和主动性，激励人才留任与发展。这也是人事规章制度要解决的重要问题。

五是明确人事权责。人事规章制度需要明确各级管理人员在人力资源管理中的职责和权限，特别是要搭建完备的人事管理体系，明晰各部门和岗位在人事管理中的责任分工。权责清晰才能发挥人事管理的实效。

总之，对照公司战略与文化、优化人力资源配置、建立人才选育机制、提高薪酬激励、明确人事权责这五个方面工作的全面推进，是制定高效的公司人事规章制度，实现人力资源管理的现代化、系统化的关键所在。

全面细致地了解制定企业规章制度的法律依据

企业规章制度是企业规范化、制度化管理的基础和重要手段，它贯穿于企业的整个用工过程，是企业行使管理权并追求企业利益最大化的重要法律依据。在实践中，由于一些公司规章制度存在漏洞甚至违反法律法规的相关规定，往往不仅无法保护企业的合法权益，甚至导向错误的做法，最终会对企业产生不利后果。因此，全面详细地了解制定企业规章制度的法律依据，并在此基础上制定完善的规章制度，是依法管理企业的有效保障，也是企业避免纠纷的最根本措施之一。

在充分了解法律依据的基础上建立完善合规的企业规章制度体系，是公司合规经营的重要基石。为此，本文首先列示制定企业规章制度的主要法律依据，以便能让大家进行全面细致的了解；然后讨论依法制定企业规章制度的基本原则，以便将相关知识运用到实践中去。

第一，企业规章制度相关法律规定

关于企业规章制度方面的法律规定，主要涉及以下法律：

一是《中华人民共和国劳动法》及配套法律法规中关于企业规章制度的规定。

《中华人民共和国劳动法》第三条规定："劳动者享有平等就业和选择职业的权利、取得劳动报酬的权利、休息休假的权利、获得劳动安全卫生保护的权利、接受职业技能培训的权利、享受社会保险和福利的权利、提请劳动争议处理的权利以及法律规定的其他劳动权利。劳动者应当完成劳动任务，提高职业技能，执行劳动安全卫生规程，遵守劳动纪律和职业道德。"其中的"劳动纪律"指的就是用人单位制定的规章制度。

《中华人民共和国劳动法》第四条规定："用人单位应当依法建立和完善规章制度，保障劳动者享有劳动权利和履行劳动义务。"其中"应当"的意思是说，制定规章制度既是用人单位的法定权利也是用人单位的法定义务。《最高人民法院关于审理劳动争议案件适用法律若干问题的解释》第十九条规定："用人单位根据《中华人民共和国劳动法》第四条之规定，通过民主程序制定的规章制度，不违反国家法律、行政法规及政策规定，并已向劳动者公示的，可以作为人民法院审理劳动争议案件的依据。"

《中华人民共和国劳动法》第二十五条规定："严重违反劳动纪律或用人单位的规章制度的，用人单位有权解除劳动合同。"这个规定说明用人单位可以制定规章制度，如果严重违反用人单位的规章制度，用人单位可以与其解除劳动合同。

二是《中华人民共和国劳动合同法》关于企业规章制度的规定。

《中华人民共和国劳动合同法》第四条规定："用人单位应当依法建立和完善劳动规章制度，保障劳动者享有劳动权利、履行劳动义务。用人单位在制定、修改或者决定有关劳动报酬、工作时间、休息休假、劳动安全卫生、保险福利、职工培训、劳动纪律以及劳动定额管理等直接涉及劳动者切身利益的规章制度或者重大事项时，应当经职工代表大会或者全体职工讨论，提出方案和意见，与工会或者职工代表平等协商确定。在规章制度和重大事项决定实施过程中，工会或者职工认为不适当的，有权向用人单位提出，通过协商予以修改完善。用人单位应当将直接涉及劳动者切身利益的规章制度和重大事项决定公示，或者告知劳动者。"此条中明确规定了用人单位必须依法建立和完善规章制度，指出制定规章制度既是用人单位的权利，也是用人单位的义务。并同时规定了实施过程中公平、民主地解决可能出现的问题。

三是《中华人民共和国公司法》中关于规章制度的规定。

《中华人民共和国公司法》第十八条第三款规定："公司研究决定改制以及经营方面的重大问题、制定重要的规章制度时，应当听取公司工会的意见，并通过职工代表大会或者其他形式听取职工的意见和建议。"此条也明确规定了用人单位有制定规章制度的权利。

四是其他法律法规关于企业规章制度的规定。

劳动部1997年颁发的《关于新开办用人单位实行劳动规章制度备案制度的通知》中规定，新开办用人单位应依照《中华人民共和国劳动法》的有关规定制定劳动规章制度，主要包括劳动合同管理、工资管理、社会保险福利待遇、工时休假、职工奖惩，以及其他劳动管理规定等，并在正式开业后半年内将制定的劳动规章制度报送当地劳动行政部门备案。劳动行政部门在组织巡视监察活动时，要检查新开办用人单位制定劳动规章制度的情况，并督促其按时报送备案；对制定的规章制度违反劳动法律法规、不按规定期限报送备案的，应依法给予行政处罚。

《最高人民法院关于审理劳动争议案件适用法律若干问题的解释（二）》第十六条规定："用人单位制定的内部规章制度与集体合同或者劳动合同约定的内容不一致，劳动者请求优先适用合同约定的，人民法院应予支持。"

第二，依法制定企业规章制度的原则

要全面和细致地掌握公司规章制度的法律依据，关键是要深入系统地学习相关法律法规，理解规章制度设置权限，结合企业实际制定切实可行的规章制度，并持续关注法规动态进行修订完善。这需要管理者投入大量时间和精力，但是这又是建立企业合规体系的基础，主要从以下几个方面入手：

一是对相关法律法规进行系统和深入的学习。这包括上述的《中华人民共和国劳动法》《中华人民共和国劳动合同法》《中华人民共和国公司法》以及其他法律法规关于企业规章制度的规定，这些法律法规的规定构成了公司规章制度最根本的法律依据，是企业制定规章制度的基本框架和原则，企业要在此框架内依据自己的具体情况制定相关规章制度。企业管理者需要系统和深入地学习相关法律法规的规定，理解其中的原理、精神和要求。

二是明确相关法律法规中赋予公司的规章制度设置权限和要求。如《中华人民共和国公司法》授予公司制定公司章程、股东会议事规则、董事会议事规则的权力，《中华人民共和国劳动法》授予公司制定劳动合同、员工手册的权力。这些都需要管理者深入解析其授权的具体内容、范围和限制。

三是全面检视公司制定的各项规章制度与法律法规的符合性，即结合公司的具体情况，分析如何在相关法律法规的框架内制定切实可行的规章制度。包括规章制度的制定程序、内容外延与内涵等是否符合相关法律法规的要求；涉及的权利义务配置是否合理等。这需要管理者以问题为导向，结合公司自身的生产经营活动，考虑到相关法律法规的要求，设计出既符合法规又切合公司实际的规章制度。

四是持续跟踪研究相关法律法规的最新发展动向。随着法律法规的修订，公司规章制度也需要进行对应的修订。这需要管理者持续关注相关法律法规的动向，及时对规章制度进行修订和完善，确保其始终符合最新的法律法规要求。

如何制定真正合法、合算、合理的各种企业规章制度

制定完善有效的规章制度，是企业实现规范化管理和用工自主权的重要方式和依据。但有的企业以为自己的规章制度非常完善，却不能据其以约束员工，以至于有的无法保护企业的合法权益，甚至被法院判定无效。那么，如何制定企业各种规章制度，保证制度符合企业的实际管理需求呢？一个好的规章制度，除了必须严格遵守法律规定制定，还应当从本企业的实际出发，兼顾合法、合算和合理的要求，否则，无论看似多完美的制度也不过是废纸一张。

第一，制定真正合法的企业各种规章制度

规章制度合法是企业经营的基石，所以必须确保规章制度的主体、内容、程序、公示的合法性。那么如何制定真正合法的企业各种规章制度呢？在制定过程中应包括以下几个方面：

一是规章制度的主体合法。制定规章制度的主体主要指的是具有承担民事责任的法人单位。根据《中华人民共和国公司法》，董事会或股东大会具有企业的最高权力，有权制定或批准企业的规章制度。也就是说，企业规章制度的合法主体应是经过企业权力机构授权、有权负责规章制定的董事会。至于公司的管理层、部门、委员会或工作小组等，自行制定的规章，其主体合法性会受到质疑。而集团公司、子公司和分公司的管理部门及其他机构、组织、非行政单位等均不是法人组织，主体不合格，因而无权制定和发布规

章制度。主体合格是规章制度合法性的前提条件，如果主体资格不合格，导致所制定的规章制度无效，就会导致法律风险。

二是内容合法。用人单位规章制度的内容应符合《中华人民共和国劳动法》《中华人民共和国劳动合同法》及相关法律法规的规定，不得与之相冲突。如果存在冲突，那么冲突部分就是无效的。对法律规定明确的，可以在法律规定的基础上细化具体规章制度，形成具体的规章制度；对于没有法律规定的，可以根据劳动法立法的基本精神和公平合理的原则，制定相应的规章制度。

三是程序合法。《中华人民共和国劳动合同法》第四条第二款规定："用人单位在制定、修改或者决定有关劳动报酬、工作时间、休息休假、劳动安全卫生、保险福利、职工培训、劳动纪律以及劳动定额管理等直接涉及劳动者切身利益的规章制度或者重大事项时，应当经职工代表大会或者全体职工讨论，提出方案和意见，与工会或者职工代表平等协商确定。"这就是说，凡是直接涉及职工切身利益的或者重大事项，必须经过职代会或者全体职工讨论并协商确定。在实际操作中就是，首先要与全体职工或职工代表讨论规章制度草案，全体职工或职工代表可提出方案和意见；接着是用人单位与工会或者职工协商确定规章制度文本。这种程序的合法性，体现了民主原则。

四是公示合法。《中华人民共和国劳动合同法》第四条第四款规定："用人单位应当将直接涉及劳动者切身利益的规章制度和重大事项决定公示，或者告知劳动者。"作为企业内部的规章制度必须对其适用的人公示。至于公示的方式，我们将在本章第四小节"制度制定步骤"中讨论。

第二，制定真正合算的企业各种规章制度

真正合算的企业各种规章制度应具有以下特征：要符合相关法律法规要求；适合企业自身情况；权责清晰、程序合理；简明扼要易理解，落地执行可操作；持续检讨和修订，不断优化规章制度。制定真正合算的企业规章制度需要全面细致考虑各个环节，从明确制定目的和原则入手，确保制度体系完备清晰，并注重制度的可操作性和实施效果，以及建立广泛公开的制定程序与定期评审机制。这是制定真正合算的企业规章制度的要素所在。

所谓合算，就是要在制度落地与管理目标之间尽可能走直线，而不要弯弯绕，制度为目标提供保障的同时要尽可能节省人、财、物力。要制定真正合算的企业各种规章制度，就必须从制度的目的、层次、内容、制定程序、可操作性、实施措施和评审机制等方面仔细斟酌。

一是目的要明确。要明确规章制度的立意和作用，是为了引导思想，规范行为，提高效率还是其他。目的明确可以使规章更加切题，也更具有合算性。这里面要把握两点，即与企业战略和发展方向相符，以及体现企业文化。规章制度要与企业的发展战略和方向相一致，促进企业发展战略的实现；规章制度要彰显企业的价值观、企业精神和行为准则，传播企业文化，引领员工的思想和行为。

二是制度要有层次。要确定好登记制度、管理制度和操作规程的层次关系。层次关系清晰可以避免重复和抵触，从而降低成本，经济合算。层次清晰的制度也是管理的要求，它有助于满足企业对员工管理、业务管理和生产经营管理的要求，提高管理效率与效果。

三是内容要合算。制度内容的合算性体现在内容简洁清晰，条理清晰。事实上，过于复杂或含混的制度是难以执行的。合算的内容还要涵盖企业管理各个方面而不致有遗漏。

四是要具有可操作性。任何制度必须具有可操作性，操作性强的规章制度容易被员工理解和执行，否则就会增加执行难度，影响制度落实效果，以至于成了"空头规定"，无法发挥真正作用。这是制定制度的一项基本原则。

五是制定的程序要合算。制定制度过程中，要广泛听取各方意见，做到群策群力，最后形成共识。制度的初稿要经过反复讨论修订，最终由法人部门审批，这样不仅避免了制度制定出现反复，也可以增强制度的权威性和准确性。

六是实施措施要合算。要有系统的培训、检查、评估措施。明确制度实施时间表和要求，指定专人跟踪检查执行效果。没有有效的实施措施，则制度形同虚设。

七是评审过程要合算。要建立健全的制度评审机制，定期对已有规章制度进行评估修订。评审要广泛征集使用单位和相关人员的意见，不断提高制度的适用性。

八是与时俱进。规章制度要定期复盘，根据企业内外环境的变化进行适当的修改和完善，不能过于僵化，要灵活运用。同时要及时修改不适用或有改进空间的条款，确保其高效性。这也是使规章制度具有合算性的方法。

第三，制定真正合理的企业各种规章制度

劳动规章制度除了需要满足主体合法、内容合法、程序合法和公示合法等要求外，其内容还应在合法的基础上，具备正当的合理性。合理性主要体现在义务、责任与处分、企业和员工等方面，这是制定真正合理的企业各种规章制度应遵循的基本原则。企业应当根据自身经营状况、特点，结合交易习惯和行业规则，制定与之匹配的、合理的劳动规章制度，其主要有以下几个方面：

一是权利与义务应该是一致的。企业规章制度应体现权利和义务的一致性，确保劳动者享有劳动权利，履行劳动义务。对有一般违纪行为的员工，用人单位主要通过批评教育进行处理；对严重违反劳动纪律或者规章制度的，用人单位可以行使《中华人民共和国劳动合同法》第三十九条赋予的解除劳动合同的权利。

二是责任与惩罚应该是相当的。规章制度应按照责任和惩罚相当的标准，落实教育为主、惩罚为辅的原则。如果规章制度单方面对员工过于严格，就会失去合理性。

三是企业和员工应该是被同等重视的。企业在制定和修订规章制度方面发挥着主导和引领作用，员工参与制定规章制度可以抑制用人单位的"专断"行为。为确保规章制度的程序公正性和劳动者的民主管理权，未经民主程序制定和修改的规章制度原则上无效。

制度制定步骤：提出、分析、讨论、起草、审评、公示

优秀的规章制度不是凭空产生的，只有根据科学合理的规章制度制作程序，才能真正制作出满足企业需要的好规章制度。好的规章制度的制定一般要经历以下几个阶段。

第一，提出阶段：提出规章制度立、改、废的议案

企业制定规章制度，第一步就是提出规章制度的立、改、废的议案。立就是提出建立一项全新的规章制度的提议，这属于规章制度的立案议案；改就是对已有的规章制度提出修改、补充或废止的提议，这属于规章制度的改案议案；废就是提出废止一项已有规章制度的提议，这属于规章制度的废案议案。提出立、改、废议案非常重要，它直接影响到后续规章的制定效率和质量。

提出立、改、废议案的主体可以是相关的职能部门、业务部门，也可以

是企业管理层、总经理或董事会等。对重要的规章内容，通常由高级管理层或董事会提出议案。提出议案的主体需要根据企业的状况科学合理地预测，发现哪些方面需要设立新的规章制度，哪些方面需要利用制度推动企业的发展，哪些制度需要变革，并根据企业章程和各部门规章制度关于设立提案权的规定，提出规章制度立、改、废的议案，同时说明提议的理由。

在这个阶段，企业还可以利用专家的力量来预测规章制度的要求。例如，可以咨询劳动法方面的实用专家，来确定需要参考哪些劳动法规，对于质量管理体系相关规章制度的需求，可以咨询 ISO9000 质量认证体系的相关专家等。

第二，分析阶段：对提出的议案进行深入分析

规章制定过程中的分析阶段，主要是对提出的议案进行深入的分析。分析提案的必要性、可行性、影响等，为决策提供参考。

首先是对企业现状进行调研和分析，在此基础上，对提案的目标、内容、要点等进行全面分析，以便判断提案是否真的需要，是否可行。分析提案的具体内容是否符合议案所设目标的要求，分析提案的积极影响和可能障碍，分析各相关部门和人员在提案实施过程中的相关职责和工作内容，对提案的关键内容和要点的效果进行预测分析。接着，根据分析结果，提出修改意见，进一步优化和完善提案。最后准备分析报告，作为决策参考，推动下一步的提案讨论工作。

这个阶段的工作质量直接决定提案的科学性和权威性。分析不足可能导致提案实施过程中出现意料之外的问题。

第三，讨论阶段：充分讨论，听取意见，达成共识

规章制定过程中的讨论阶段，主要是对提案进行充分的讨论，听取各方意见，并最后达成共识。通过召开提案讨论会、座谈会、论证会等形式，围绕提案进行讨论。参加人员应包括相关部门主管及工作人员。

会前应将提案内容和相关资料分发给参会人员，让大家有时间准备讨论意见。会议开始应首先作提案报告，介绍提案的背景、理由和具体内容。在报告之后，应开放讨论，让与会人员提出意见、疑问或建议。鼓励真诚且建设性的讨论氛围。要有专人记录讨论过程和所有意见，并由规章提案部门或人员对意见进行回应和解释。会后，提出议案部门或人员需要梳理、分析所有会议意见，判断哪些意见需要采纳，哪些意见无法采纳并给出理由。根据会议讨论和分析结果，对提案进行进一步优化和修改。修改内容应报告给与会人员。将会议讨论情况、意见分析及规章修改报告编制成文件，提交给企业高层及有关人员。如果会议意见较多或规章修改较大，还需要再召开会议进行讨论，达成最终方案。

这一环节的工作质量直接影响提案的权威性和科学性。会议讨论不充分或意见未能一致，将导致后面提案实施过程中出现诸多问题。讨论报告的准确全面也是管理层的判断依据，至关重要，所以在编制文件时不能有任何疏漏。

第四，起草阶段：拟定新规章制度的具体内容

这个阶段主要是根据提案的讨论结果，由规章起草部门或人员拟定新规章制度的具体内容。负责起草规章制度的人员、专家，应仔细研究提案说明，明确要设立的规章制度的目的。随后应用规章制度制作技巧，完成草案的起草工作。

首先对提案的讨论结果、意见及提案修改方案进行梳理和分析，确定新规章起草的基本框架和要点。要根据新规章的目标和内容，确定文本的层次结构，如章、条、款、项，以确保文本体系清晰、层次分明。在文本结构确定后，对新规章的各章条款项进行具体内容的起草，要表达准确、简练、清晰，避免出现歧义或理解偏差的语句。文本起草完成后，由相关人员或部门对文本中新规章的内容进行全面审查，确认无矛盾、无遗漏或无错误后提交上级审评。上级审评如有意见，需要对上级意见进行分析，修订，并说明修订理由。在处理完所有审评意见后形成定稿，以供企业批准后正式发布。还要准备好发布文件，即在规章定稿基础上，准备新规章内容的打印文件，以及相关的说明或培训文件，为新规章的培训和推广做准备。另外，新规章起草完成后，起草部门需要站在各相关部门和人员的角度，评审新规章的可执行性和实操性，并根据情况进行必要的调整或发布后续文件。

这一环节需要多个部门的配合，提供必要的材料。更重要的是，新规章起草人员要有很强的专业文本撰写能力。文本起草的质量直接影响新规章实施效果，如出现重大问题，还需要再进行修订，影响新规章的正常运行。因此，这一环节的工作质量至关重要。新规章的修订也须经过提案、讨论等程度适当的程序，不能擅自进行重大变更，否则会影响规章的权威性。总之，新规章的起草必须严格遵循企业相关制度规定进行。

第五，审查阶段：全面审查定稿内容，确保规章制度质量

起草后的审查阶段，主要是对新规章制度的定稿内容进行全面审查，以确保规章的质量。

首先组织相关部门主管及专家组成规章审查小组，对定稿进行审查，审查小组的组成要包括不同岗位和专业，以提供全面意见。要审查定稿中的章、条、款、项设置是否清晰、合理，并检查各层次之间的关系是否正确，以确保新的规章制度体系的科学和系统。审查定稿中是否使用准确、规范和一致的词汇、短语和句式，检查是否存在有歧义或理解偏差的表述，是否需要进一步明确定义。审查定稿是否准确全面地表达了制定目的，是否存在遗漏或错误信息。审查定稿的上下文是否连贯，不同部分之间的内容是否存在矛盾或抵触。将审查小组的意见及建议记录在案，要求定稿起草部门或人员进行修订，并说明其中哪些意见需要采纳，哪些意见无法采纳，并给出理由。修订后的定稿需要再次提交审查小组进行审阅，确认修订已经达到要求，可以公示方可。将定稿审查结果、意见及定稿上报至企业法人部门，作为参考依据，确定是否可以公示。

审查工作的重要性不容小视，这一环节直接影响定稿发布后新规章制度实施的效果。审查不严谨将导致新规章实施中出现诸多问题，权威性受损。审查意见的提出需要相关人员具有很强的专业性，这要求审查人员有较高的业务素质。

第六，公示阶段：应采取合理的方式向职工公示

公示阶段的主要工作是，在企业内部公开发布，广泛征求意见，充分告知可能涉及的人员，确保规章得到理解和支持后正式实施。

可以通过企业内部网站、OA系统、邮件群发等方式公开发布规章定稿，也可以印发纸质文件，或者修改员工手册，向员工发放公示。要选择覆盖面广、便于提供意见反馈的渠道。公示阶段一般为一到两周时间，以给相关部门和人员足够的时间理解规章和提出意见。时间过长或过短都不利于规章的公示效果。除规章正文外，还应当公开相关的说明或案例，方便读者理解规章内容和实施要点，这有助于减少理解偏差，提高规章的可执行性。在公示规章时，要提供多种渠道让相关人员反馈意见，如电子邮件、在线提问等，方便大家选择最适宜的渠道进行意见反馈。公示期满，要认真整理和分析收到的所有意见，判断哪些意见需要采纳，哪些意见无法采纳并给出理由。对采纳的意见，要求规章起草部门进行修订。对规章作出较大修订后，应再次公布修订后的规章定稿，说明各项意见的采纳与否情况，确保相关人员知晓

规章的最新内容。在规章正式实施前，应向相关执行部门和人员提供规章内容的解释或培训，以提高规章的可执行性，为实施做好准备。另外，这个阶段要制作与规章具体条款相应的学习确认表、阅读表、签收表、签到表等，让员工签字，要注意保留制度公示时的照片。这些将来有可能起到证据性的作用。

作为规章制定的最后一道程序，公示阶段的工作质量至关重要。规章的公示工作征求意见的广度和深度直接影响规章实施的效果，公示不到位将引起规章实施后的普遍疑虑和执行障碍。如果公示反馈意见较多，还需要进行适当修改后再正式实施规章。

劳动规章制度的内在要求、制定程序及适用问题探索

劳动规章制度是《中华人民共和国劳动法》《中华人民共和国劳动合同法》《中华人民共和国公司法》等国家相关法律法规在用人单位的实际应用，从某种意义上讲，它相当于用人单位内部的法律法规。用人单位在制定和实施劳动规章制度过程中，其内在要求、制定程序及适用问题是普遍存在着的共性问题。这些问题的存在，不仅削弱了劳动规章制度本质上所具有的法律效力权威性，而且严重影响了规章制度的贯彻执行。因此，必须要有清醒的认识，严肃对待，切实加以解决。

第一，劳动规章制度的内在要求

作为管理企业劳动关系的重要手段，劳动规章制度的内在要求直接决定着其质量和实效。劳动规章制度内在要求的核心在于其具有合法性、科学

性、完备性、可操作性和灵活性，劳动规章制度必须在这几方面要求上达标，才能成为高质量和高实效的管理制度。

合法性强调的是，劳动规章制度必须符合合法性要求，遵守国家的劳动法律法规，不得包含违反法律法规的内容，确保劳动者的合法权益不受侵犯。如果劳动规章制度违反法律法规，劳动者可以依法要求修订甚至废止。关于合法性，《中华人民共和国劳动合同法》第八十条规定了规章制度违法时的法律责任，即用人单位直接涉及劳动者切身利益的规章制度违反法律、法规规定的，由劳动行政部门责令改正，给予警告；给劳动者造成损害的，应当承担赔偿责任。

劳动规章制度应符合科学性要求，也就是说，它必须建立在对企业劳动关系和员工状况的科学分析的基础上，内容和要求必须是合理的、可行的。如果规章制度过于苛刻或脱离实际，将难以实施，不仅不能达到管理的目的，还会引起员工的反感和对抗。

劳动规章制度必须满足完备性要求，它要涵盖劳动关系的各个方面，包括劳动合同的订立、履行和终止，工作时间和休息休假，劳动报酬，劳动条件与劳动保护，劳动纪律及违纪处分等内容。各项内容之间应当没有冲突或缺漏之处。只有构建完备的制度体系，才能全面有效地管理企业的劳动关系。

劳动规章制度应符合可操作性和灵活性要求。劳动规章制度必须是可用、可行的，规定具体而详细，易于理解和执行，具有可操作性。同时，它也需要根据社会经济发展和企业自身情况的变化进行修改，确保其具有适应性和灵活性。只有可操作和灵活的劳动规章制度，才会在实际执行中发挥好作用，真正成为管理企业劳动关系的有力工具。

第二，劳动规章制度的制定程序

据《中华人民共和国劳动合同法》第四条及《最高人民法院关于审理劳动争议案件适用法律若干问题的解释》第十九条的规定，公司在制定、修改或者决定有关劳动报酬、工作时间、休息休假、劳动安全卫生、保险福利、职工培训、劳动纪律以及劳动定额管理等直接涉及劳动者切身利益的规章制度或者重大事项时，需要通过民主程序制定并公示。这条规定为劳动规章制度的制定程序提出了具体要求，因此企业应按照这些程序要求制定劳动规章制度。

制定劳动规章制度是一个系统工程，需要遵循一定的程序。大致来说，首先是进行充分调研，对企业的具体情况和劳动关系状况进行全面了解，找出存在的问题和改进空间；其次是制订方案，提出改进劳动关系管理的思路和方法，并初步拟定规章制度的框架和内容；然后是广泛征求意见，将相关方案和初稿在企业工会和职工代表大会上进行讨论，听取职工的意见和建议，对规章制度内容进行修订完善；接着是管理层审议，对修订后的规章制度内容进行认真研究，对照国家法律法规和企业实际，作出决定，确认最终版本；最后是经企业主管部门审批后正式发布实施。

劳动规章制度的制定必须严格遵循这一程序，这样才能使规章制度符合企业实际，得到职工支持，真正发挥其在企业劳动关系管理中的重要作用。因此，用人单位应当高度重视这一工作，应投入足够资源，确保规章制度的质量。

第三，劳动规章制度的适用性

劳动规章制度的适用性问题涉及诸多方面，比如，《中华人民共和国劳动合同法》中关于劳动规章制度适用中的常见问题、绩效考核制度在劳动规章制度中的适用性问题、能否依照内部规章对因劳动者过错造成的损失请求赔偿的问题，等等。鉴于劳动规章制度的"适用性"属于法律范畴，在这里我们姑且不做过多的讨论，仅就《中华人民共和国劳动合同法》中规定的关于"过失性辞退"适用的情形做一简单探讨。

"过失性辞退"适用的情形，在《中华人民共和国劳动合同法》第三十九条规定中有这样的规定："在试用期间被证明不符合录用条件的；严重违反用人单位的规章制度的；严重失职，营私舞弊，给用人单位造成重大损害的；劳动者同时与其他用人单位建立劳动关系，对完成本单位的工作任务造成严重影响，或者经用人单位提出，拒不改正的；因本法第二十六条第一款第一项规定的情形致使劳动合同无效的；被依法追究刑事责任的。"

上述规定中，劳动者严重违反用人单位的规章制度的，用人单位可以行使单方解除权。事实上，关于劳动者是否严重违反用人单位规章制度的判定，主要集中在行业特点、企业文化、工作岗位、劳动者的主观过错程度以及对企业生产经营秩序的影响等几个方面。因用人单位与劳动者解除劳动合同往往将对劳动者个人及其家庭产生较为严重的后果和影响。因此，用人单位在据此行使单方解除权时，一定要进行综合分析，考虑是否可以通过调岗、降薪等其他方式予以替代，尽力避免因草率决定带来的不良后果。

关于解除劳动合同，《中华人民共和国劳动合同法》第四十三条规定："用人单位单方解除劳动合同的，应当事先将理由通知工会。如果用人单位违法或者违反劳动合同的约定的，工会有权要求用人单位纠正。而用人单位应当研究工会的意见，并将处理结果书面通知工会"；《最高人民法院关于审理劳动争议案件适用法律若干问题的解释（四）》第十二条的规定："用人单位解除劳动合同需事先通知，虽未事先通知，用人单位只要是在起诉前补正的，即可认定不属于违法解除劳动合同"。据此，已经建立了工会组织的用人单位在行使解除劳动合同权之前，还应按照这两条法规事先将理由通知工会，以避免违法解除劳动合同。

总之，劳动规章制度的适用性是一个多方面的问题，也是一个值得关注的问题。不过可以把握的总的原则是：劳动规章制度应对全体在职职工，无论种族、民族、性别都适用，而对不同类型的职工可以制定相应的补充规定，对于离退休职工的相关事项也应当在劳动规章制度中加以规定。因此，要想达到既定的管理目的，制定劳动规章时必须听取各方意见并实施动态修订，从而使劳动规章制度发挥其应有的作用。

第二章 制度设计：加强制度建设，提高经营效率

科学的企业组织制度是保证企业整体管理效率的基础，企业拥有的制度体系是否科学与完善，往往决定着企业能否健康高效地运转。本章结合中国企业的现状，全面而详细地讲述了企业的组织制度、管理制度、人事制度、生产制度、销售制度、财务制度、会计制度、质量制度、行政制度的设计知识，包括具体的方法、步骤及注意事项。企业领导者和管理者能从中掌握设计企业内部管理制度的技能，根据企业内外部形势的变化，设计出规范完善的制度，从而为企业的快速发展提供保障。

企业组织制度设计：明确部门关系，确定管理幅度，建构组织层级

企业组织是为了达到某些目标而成立的。目标的实现需要多人高效协作，让资源得到更好利用，但组织成员的个人目标很多时候是与组织目标不一致的，为了让个人的努力与组织目标一致且能低成本运行，就必须设计一套相关的制度。企业组织制度的设计，关键在于明确部门关系，确定管理幅度，建构组织层级，这是企业组织制度设计的三个重要"抓手"。

第一，明确部门关系，建立协调机制

企业组织制度设计是一个复杂的过程，不同的企业根据自身的产业属性和发展战略，部门设置会有差异。企业应根据自身需求设立必要的部门，避免部门冗余和职能重叠。还应考虑行业内其他企业的部门设置经验，借鉴行业最佳实践。同时，每个部门的主要职能和职责必须进行明确界定，不同部门之间要有清晰的分工，最小化职能交叉和过度依赖的情况发生。职责不清晰会导致部门各自为政现象的出现，影响工作效率。在设立必要的部门，界定各部门职责的基础上，必须明确部门关系，这是和部门设置同样重要的一环。

部门关系主要包括部门间的上下级关系、合作关系以及协调机制等。上下级关系清晰可以确保组织纵向的命令下达和工作汇报；部门间的合作关系可以促进工作的横向衔接；有效的协调机制可以最大限度地避免部门间的摩擦与冲突。这些关系的清晰和良好定义有助于增强部门间的工作协同和组织效率。

上下级关系应根据组织层级结构进行明确规定。高层部门对低层部门实施监督和管理，低层部门向高层部门汇报工作。上下级关系的清晰可以确保组织的纵向统一性和工作指令的有序传达。但是，上下级部门的权限和责任也应适当区分，避免过度集权或"跨级指挥"的问题发生。

部门间的合作关系要根据工作联系和依赖程度进行定义。尤其是那些部门间存在密切工作联系或业务依赖的，应建立常态化的沟通机制和协作平台，规定清晰的合作方式与项目协作流程。这可以优化跨部门项目的推进效率。但合作关系也不能过于紧密，要避免部门间职能逐渐融合或混同的问题出现。

部门间出现矛盾时要通过协调机制予以化解。一般来说，协调机制应先

放在直接上级部门，如果上级部门无法协调，才逐级上升。协调机制既需要注重问题的高效解决，又需要综合各方面意见，作出公正的决定。随着组织发展与环境变化，部门间关系也需要进行相应调整。通过定期检讨部门关系，可以发现并解决潜在的不协调问题；根据组织变革需要，及时调整部门关系，确保其与组织要素始终保持动态匹配。

第二，确定管理幅度，以保证组织高效运行

管理幅度指的是管理者在制定与执行管理决策时拥有的决策权和参与权范围，权力的大小，直接或间接地反映了组织的集权与分权程度。在企业组织制度设计中，恰当确定管理幅度是组织高效运行的关键。

管理幅度的确定要根据组织的发展战略和文化定性。如果企业注重整体统一和标准，应采取较集中的管理模式；如果企业要激发基层员工创新活力，可适当向基层下放更大管理权限。不同的企业文化与价值导向，对管理幅度的安排会有差异。

管理幅度的确定应符合管理层级的要求。因为管理幅度通常是向下兼容的，高层管理者的管理幅度应较大，以便其作出战略决策；中层管理者管理幅度适中，以起主导和协调作用；基层管理者管理幅度较小，要关注具体业务的落地执行。管理幅度的大小应与管理者的层级相匹配。但是随着现代管理制度的发展，也有一些组织内部对管理幅度的上下界限都作出了规范和约束，以此来拓展提升基层员工参与事务管理的自由度和积极性。

管理幅度的确定应根据被管理者的专业能力而定。对于专业性较高的工作，管理者在相关领域知识和判断上应更多听取专业人员的意见和建议，这时应给予下属相对宽松的管理幅度；对于较通用的工作，管理者可以基于过往的经验和逻辑判断参与较为细致和具体的管理，管理幅度的分配可能就和在专业工作中的划分有较大差别。

管理幅度的确定还需要考虑管理效率。如果管理幅度过大，会因过度控制而造成管理效率低下；如果管理幅度过小，管理者又无法实施有效监督，也会影响管理效果。管理幅度应在保证管理效果的前提下，尽可能提高管理效率和合理扩大下属自主权。

第三，建构组织层级，夯实组织设计的基础

组织层级是企业组织结构的重要组成部分，合理的层级设置有助于明确管理职责，提高决策效率，激发员工积极性。在设计企业组织制度时，如何构建适当的组织层级是一个关键问题。

组织层级的划分应根据企业规模和管理要求进行。企业规模较大时，为适当分散管理权限和职责，层级应相对较多；企业规模较小时，设置过多层级会增加管理成本，层级应相对较少。管理要求的不同也会影响层级的设置，要求较高的企业层级可能更加详细。

组织层级的划分要使高层与基层比例适当。组织层级的构建要兼顾战略性与操作性的需要，高层提供战略指导，基层完成具体工作。高层与基层的数量比例应相当，避免"高层重中之重"或"基层无足轻重"的问题出现。同时，层级之间的跨度也应适度，以确保上下级之间的有效管控及信息的有效流动。

层级设置要明确各层级的职责权限。每个层级应区别开战略性或操作性的不同，高层关注战略规划与大政方针，基层关注日常具体业务。层级间的职责要有清晰分工，权限下放也要遵循"权、责、利一致"的原则。这可以增强工作责任感，提高执行力。

除上述之外，还有必要建立相应的协调机制。各层级之间要建立信息沟通的渠道，促进工作的有效衔接；同时，要设置跨层级的协调机制，这有助于鼓励基层创新，并及时反馈基层需求至高层。良好的协调机制可以弥补过于详细层级划分所带来的"部门本位"弊端。

管理制度设计：划定部门、岗位的胜任标准，职能和权责范围

企业内部管理制度是员工在企业生产经营活动中须共同遵守的规定和准则，它是提高企业基础管理水平，形成企业核心竞争力的前提，它的设计应着眼于企业管理的需要，并能够应对环境的变化。管理制度设计的关键是划定各个部门、岗位的胜任标准，职能和权责范围。

第一，制定部门和岗位的胜任标准

部门和岗位的胜任标准是衡量员工适任度的重要依据，也是优秀者选拔的基础。在企业管理制度设计中，如何科学划定胜任标准是选择合适人才、优化人力资源配置的关键。

胜任标准的制定要针对具体的部门与岗位，不同部门与岗位的工作性质和要求不同，其胜任标准也必然不同。胜任标准应根据部门主要职责和岗位工作内容进行定制，突出工作成功所需要的关键素质与技能要求。这可以使标准具有针对性，选人用人更加精准。

胜任标准要综合考虑知识、能力与经验要素。这一点是划定部门、岗位胜任标准的重中之重。知识要素体现专业技能，能力要素主要测量方法、思维以及非技术性的素质，经验要素强调实践作用。综合考虑这三要素，既要避免单一侧重造成的盲点，也要根据部门与岗位的不同加以适当权衡。除知识、能力与经验要素外，胜任标准还应考虑员工的工作态度与人格要素。工

作态度包括主动性、责任心、精益求精等方面。这些态度可以衡量员工的工作热情和投入程度，是衡量工作能力的重要标准之一。人格要素主要包括稳定性、统和性、贴近性等。不同类型的工作对员工的人格要素有不同偏好。对团队合作性强的工作，人格要素可能更重要；对独立完成的工作，人格要素的权重相对较小。这需要根据具体岗位进行权衡。

胜任标准必须根据组织发展与岗位变化进行定期修订。由于组织目标与环境在不断变化，岗位要求也就随之发生变化。如果胜任标准不能及时修订，可能会由于标准滞后造成人员选择与配置的失误，影响组织效能。通过定期研究工作变化趋势，及时修订胜任标准，可以确保其与岗位要求的动态匹配。另外，胜任标准还应考虑前瞻性的要素，在制定标准时，不仅要根据当前岗位要求进行定制，也要根据部门和岗位未来的发展方向进行预测，在标准中融入一定比例的前瞻性内容。这可以选择在潜在要求上有发展潜力的人才，为组织未来发展需要做好人力资源储备。

第二，明确部门和岗位的职责

部门和岗位职责的清晰明确是实现组织高效运转的基础，它有助于定位各部门和岗位在工作中的角色，增强员工的责任感，优化管理过程中的控制与协调。在企业管理制度设计中，如何明确部门和岗位职责是一个关键环节。这需要从组织整体的工作角度出发，考虑各部门和岗位应负责的工作与贡献，使之既能满足自身职能的发挥，又能为实现组织目标服务。具体来说，要从工作内容、范围、标准、权限和义务等方面进行细致界定。

工作内容是岗位职责的基本组成部分，它规定了岗位需要完成的具体工作事项，为员工的工作提供明确导向。工作内容应根据部门或岗位的主要功能进行归类与梳理。

工作范围则限定了岗位工作内容的上下限。旨在防止工作偏袒或职责过度扩散，为员工合理安排工作量提供依据。工作范围的合理制定还需要考虑异质性与专业性要素。

工作标准是判断工作成果与绩效的基准。它不仅包括工作流程上的规范要求，也包括工作质量和进度上的标准。标准的制定应符合岗位工作内容与工作范围，并有可操作的评判体系，这是考核员工与部门的基础。

权限规定了岗位在工作中可以自主支配与运用的资源。权限应与岗位的工作内容、工作范围以及所应承担的责任相匹配。权限过大或过小都会影响工作的有效开展。

义务则明确了岗位对自身、上级和其他部门应承担的责任。义务的具体规定有助于营造岗位工作应有的责任态度，促进工作的主动性与连贯性。

第三，划定部门和岗位的权责范围

部门和岗位的权责范围是员工可以依据职责自主支配和运用的资源空间，其划定需要在授权与控制之间达至平衡。这有助于在激发基层积极性的同时保证管理的连贯与效率。要根据部门和岗位职责的要求进行，上级部门应在授权下级部门的同时也建立有效的监控机制，同级部门之间也应明确各自的权责范围，权责范围的划定还需要考虑灵活性与随动性，以及在环境变化后及时对权责范围进行重新审议与修订，确保其与当前部门职责相匹配。

在具体操作上，权责范围可以通过岗位授权书或部门责任清单的形式进行明确界定。这需要从资源使用、决策权和工作调配等方面进行细致规定。

资源使用权规定了部门和岗位可以使用的资金、设备、信息等资源类型和范围，旨在限定部门在完成工作中可以支配和利用的关键资源，是实施工作的基础保障。资源使用权应与部门工作内容相匹配。

决策权明确了部门和岗位在工作过程中可以自主作出的决定类型和层级。适当的决策权可以增强工作的主动性，但也需要按职责与层级进行分级授权。上级应及时评估下级的决策效果，必要时进行干预或调整。

工作调配权限定了部门内岗位设置、职责分配及员工选拔方面的自主权，直接影响部门工作的效率与团队合作。但是，部门的工作调配也应符合企业用人政策和人力资源总体规划。上级有必要对关键岗位的任命进行参与。

人事制度设计：覆盖"选、用、考、育、留"全过程的人力资源制度

虽然现在有越来越多的人开始谈数字化、谈赋能，但很多的企业和 HR 却连相关基本功都没做到位。事实上，这么多年来，人力资源管理的根基从来没变，所以先把"选、用、考、育、留"机制做实做透，才是当下 HR 最应关注的重点。"选、用、考、育、留"五个字代表人力资源管理中的"招聘选拔、人员配置、绩效考核、培训发展、薪酬管理"这五个环节。下面就来讨论在人事制度设计过程中，如何最大限度体现它们各自的内涵。

第一，选人：设计招聘选拔制度，构建标准化的流程

选人主要是招聘选拔。招聘选拔制度的设计是人事管理的基石，它提供了选拔合适人才的机制基础，直接影响企业人力资源质量。在人事制度设计中，如何建立一个科学高效的招聘选拔制度是关键所在。一个科学的招聘选拔制度需要以用人规划为基础，构建标准化的流程，选择有效的选拔方法，建立公开透明的机制。

招聘选拔制度设计要根据企业发展阶段和业务部门的人才需求，确定不

同类型工作与岗位的人选条件和角色定位。构建标准化的招聘选拔流程，需要包括人才营销、岗位申请、资格审核、笔试面试、背景调查等流程。标准化的流程可以确保选拔的规范性和公平性，同时也为应聘者提供明确的应聘路径。要通过面试、心理测试、情景模拟、绩效考核等手段，选拔符合不同岗位要求的人才，重点考察应聘者的专业能力、发展潜力和人格特征在这个过程中要保证公开透明，因此要组织选拔委员会，制定评分标准，记录评审意见，备选人才评比。公开透明的选拔机制，可防止用人上的主观随意与歧视，能确保选拔结果的公平合理。

在招聘选拔制度的具体构建中，还需要注意以下几点：其一，防止招录广告出现就业歧视，目前司法实践中已经出现因就业歧视员工索赔的案件，因此需要单位制订招录广告时应细加斟酌，必要时引入法务合规部门参与审核，防止出现年龄、身份、性别、地域、学历等就业歧视；其二，把好入职体检关，企业可以在招录中注明员工必须提交正规医院出具的体检报告，并将体检报告作为录取条件之一，防止因员工身体羸弱产生后续纠纷；其三，明确录用条件，因为它是单位试用期解除员工的重要依据，如录用条件不明则单位不能行使录取解除权，因此必须通过录用条件确认书或者录用条款等方式明确录用条件；其四，要关注内部选拔与外部招聘的结合，以实现企业人才的持续更新与组织知识的不断丰富；其五，要建立科学的选拔评分机制，以便进行候选人选的量化比较和科学推荐。

招聘选拔制度设计是一套系统工程，需要考虑人才储备、内外结合、招聘形式、选拔测试与评分机制等要素。在具体构建中要兼顾理论依据与操作性，将量化与定性相结合，以满足企业用人的实际需求，选拔与岗位最匹配的人才，能为组织发展提供人力资源保障。一个高质量的招聘选拔制度，是获取人力资源的竞争优势，实现组织发展目标的基本保障。

第二，用人：设计人岗匹配制度，实现个人发展与岗位要求的有效对接

用人的关键是人岗匹配。人岗匹配制度的设计目标在于通过科学合理的人才分配，实现个人发展与岗位要求的有效对接，提高人与岗的匹配度，释放人才潜力，提高工作满意度与组织效能。在人事制度设计中，构建一套科学的人岗匹配机制是其关键环节之一，这体现的是人力资源管理的艺术与技巧。

人岗匹配首先要建立岗位能力清单，明确不同岗位对知识、技能、性格与经历等要素的具体要求。其次要制定人才评价体系，全面评估员工的素质、技能、动机与发展潜力。还要基于人才评估与岗位能力清单的结果进行定量分析，例如使用相关系数法测算人选与各岗位要求的匹配度等进行人岗配置。还要建立人岗匹配的监控机制与反馈机制，即在匹配结果实施后要定期跟踪人选在岗工作状况，由上级与 HR 共同对工作表现与发展状况进行评定，这可以判断匹配质量与效果，并据以优化和修订匹配机制与流程。

人岗匹配制度的构建需要做好理论与定量指导，既需追求科学精确又需考虑人情与公平。在具体操作上，可以通过以下举措加强人岗匹配的科学性与实效性。

一是要对不同类型岗位制定匹配模式与流程。例如，针对高管岗位需采用综合评估与专家推荐相结合的方式；技术岗位重点依赖专业测试；基层管理岗位可采用全方位反馈与上级面试相结合的方式等。不同的岗位应采用不同的匹配模式与工具。

二是可以引入人工智能与大数据技术，通过收集和分析海量的数据，建立人才评价与岗位匹配模型，实现高效智能推荐。这可以有效规避人为主观所带来的偏差，提高匹配效果。但最终结果仍需要人工审核，并与定性判断相结合。

三是设立试用期制度，并针对不同的岗位重要性设置不同的试用期时长及考核通过标准，通过试用期直接考察人选与工作的匹配效果，并据以决定是否转正与晋升。试用期要有明确的考核标准与流程，避免过度依赖上级主观判断，同时时长的设置要符合劳动法的相关规定。

四是要建立周期性的人岗匹配检讨机制，定期检讨工作人员与岗位的匹配状况，发现问题或不适当之处，及时进行调整与转岗。这可以动态优化人岗配置，使之随时达到最佳状态。

第三，考人：设计绩效考核制度，确保制度和流程的科学准确

考人关键是绩效考核。绩效考核制度的设计是实现绩效管理与人力资源提升的基石。一个科学合理的绩效考核制度可以提高员工的工作积极性与业绩，实现员工个人利益与组织目标的有效对接。因此在人事制度设计中，如何构建一套公正有效的绩效考核制度是关键所在。

首先，要根据组织发展战略和岗位要求制定具体的绩效标准，标准的设置要考虑工作的重要性、工作量与工作难易度等因素，既考虑量化指标又兼顾定性指标，如专业技能、创新能力等。

其次，要选择科学的考核方法与工具，来全面提高绩效的准确性与可预测性，同时还需综合不同评价主体的判断。

再次，要建立简明易行的考核程序与机制，明确评价时间节点、评分标准、结果公示与反馈机制等，确保考核流程规范、高效与公开。

又次，要加强考核结果的运用，将考核结果与薪酬、培训、职业发展等人力资源管理要素有机结合，以实现对员工的有效激励，发挥绩效考核的战略作用。

最后，要关注考核结果的监督与反馈，通过员工的反馈意见与实际工作表现监督考核的准确性，并不断优化与修订考核机制和流程。

在具体操作上，还需注意以下几点：其一，区分不同岗位与层级的考核方案，高层管理岗位注重战略贡献与发展潜力，技术岗位侧重专业技能与创新。其二，基层管理岗位强调执行力与工作态度等。其三，建立滚动的定期考核机制，实现对工作任务的及时反馈与修正，同时也要加强对考核者的培训，确保不同考核者对标准与程序的理解一致，避免产生评分偏差。其四，结合自评、同级评价与下级评价，综合判断考核对象的表现，减少上级考核的主观随意性。其五，定量结果应与定性反馈相结合，理性判断各项评价的准确性与可信度。其六，奖惩力度需根据考核结论的准确性判断，避免盲目依赖考核得分产生的问题，考核结果具有一定的参考价值。奖罚也需兼顾个人表现，绩效考核应致力于促进员工持续提高，而非过度追求惩罚。

第四，育人：设计培训制度，实现人力资源开发与企业知识更新

育人主要是培训发展。培训制度的设计是实现人力资源开发与企业知识更新的关键所在。一个科学的培训制度可以不断提高员工的知识结构与技能水平，增强企业的市场竞争力与持续发展动力。在人事制度设计中，如何构建一套针对性强、实效性高的培训制度是人力资源管理者应关注的重点。

设计培训制度首先要围绕组织发展战略与岗位需求展开，分析不同岗位与业务部门的知识更新需求，确定员工技能提升的突出短板，并据此制订针对性的培训计划。要选择科学高效的培训方式与手段，包括专家讲座、师徒制指导、工作轮换、网上培训、读书分享等多种方式。培训方式的选择要根据培训对象与课程特点决定，需追求切实高效。同时，也可运用互联网与人工智能技术开展新型培训。要建立系统的培训管理机制，包括培训需求调研、学员选拔、课程设计、培训实施、效果评估与反馈等程序；要加强培训投入与投资回报评估，合理的培训投入可以保障各项培训措施的实施，但投入也需要权衡力度，做到投入适度，并建立评估指标与机制，定期考核培训效果与工作表现改善情况，判断培训投资的回报率，作为后续投入决策的参考依据；要在培训完成后通过工作表现对学习效果进行跟踪评价，并提供反馈，必要时安排进一步培训以巩固效果。同时，也要将培训情况与职业生涯发展相结合，实现对人才的长期规划。

在具体操作上，企业还需注意以下几点。其一，分类设计不同类型岗位与对象的培训方案。高层管理人员注重培训战略视野与领导技巧，技术人员侧重培训专业技能提升，基层员工则需要加强职业素养与改善工作方法等。其二，采取引入外部师资与内部培训相结合的方式，以实现知识更新与需求相统一，同时应顾及效率与成本考量。其三，从学习态度、知识技能掌握和工作行为改善等方面设立指标进行评估，考核要由相关管理者、培训师与被培训者本人参与，综合判断培训结果与效果。其四，对员工参加的各项培训进行系统记录，以监控员工的培训情况及学习进度，也要对培训表现优秀者进行甄选汇集，建立企业人才库，为关键岗位选择与人才升迁提供选拔依据。其五，密切关注市场动向、行业发展和技术革新，定期检讨现行培训方案，进行更新与调整。

第五，留人：设计薪酬制度

留人主要是薪酬管理。留人的基础是人的需求，最直接的就是物质留人，这就涉及薪酬管理问题，需要设计薪酬制度。薪酬制度是企业人事制度中最重要的一部分，广义的薪酬制度不仅包含了员工每月或每年取得现金的多少，还包括长期兑现的激励机制和精神层面的荣誉表彰。一个科学合理的薪酬制度，既能激发员工的工作积极性，又能帮助企业吸引和留住人才。设计薪酬制度时，需要考虑多个方面。

首先要确定薪酬的基础，可以选择工作内容、工作难易程度、工作经验、工作技能等作为计算薪酬的基础。薪酬结构上可以采取年薪制、月薪制或按天算薪等不同方式，并确定薪酬的固定部分和浮动部分的比例。要建立薪酬调整机制，包括平时薪酬调整和年终薪酬调整。还需要考虑薪酬福利制度的设计，提供各种福利也是吸引和留住人才的重要手段。福利的选择可以包括公积金、年假、绩效奖金、股票期权等。福利制度的设计同样需要结合企业实际情况进行。

除此之外，设计薪酬制度时还需要考虑薪酬的构成和薪酬的激励性两个要件，薪酬的构成可以实行短期薪酬与长期薪酬、固定薪酬与浮动薪酬、法定薪酬与约定薪酬三种相结合的方式，这样做一方面可以节省企业薪酬开支，另一方面可以采用薪酬激励员工工作。薪酬的激励性，要做好薪酬的市场调查和薪酬层次分配，市场调查应立足于制定有行业、区域竞争力的薪酬数额，确保吸揽到优秀人才；薪酬层次分配，应着力于建立薪酬的内部竞争体系，激励员工上进心，保证企业发展活力。

除了这两个要件，内外部公平也应予以关注。内部公平是指企业内部员工之间的薪酬关系应该公平合理。员工的工资应该与其岗位价值、工作表现相符。外部公平是指企业的薪酬水平要与行业内相似企业相符，甚至具有一定的竞争优势，否则将难以吸引和留住人才。还有就是，薪酬制度也代表着企业的价值观和企业文化，因此制度的设计要彰显企业提倡的团队合作、创新进取、公平正义等价值观，要让员工通过薪酬制度感受到企业独特的文化内涵。

生产制度设计：贯穿流程规范、风险管控、应急处置、责任承担、资质培训及 ESG 的生产制度

企业生产制度的设计是为了规范员工生产现场，要实现均衡、安全、文

明生产，提高员工业务素质，提高企业经济效益。一个科学合理的生产制度设计需要基于企业实际，综合考虑流程规范、风险管控、应急处置、责任承担、资质培训及 ESG 生产管理等要素，实现优质、高效、低耗的生产目标。

第一，流程规范制度设计

生产流程规范的制度设计是提高企业生产效率的关键所在。一个科学和合理的流程规范制度，可以最大限度地发挥生产潜力，减少浪费，提高流程的标准化和自动化水平。

设计流程规范制度首先要对生产流程进行深入理解，因此要对生产流程进行全面和深入的分析研究，包括企业的生产工艺、设备布局、物料供应与运输等方方面面。同时，在复杂的生产流程中，要能够识别出那些对最终产品质量和生产效率起决定作用的关键步骤和工序，这些都是需要严格规范和控制的重点。其他非关键点要适当放松，以免影响员工的工作热情和创造力。要积极利用信息技术设计电子化的流程管理平台，如使用流程图软件设计直观的生产流程电子图，使用 OA 系统实现生产任务和物料需求的在线申报与审批，使用条码或 RFID 技术实现关键物料和半成品的出入库自动识别和储运状态动态管理等。还要建立流程监督机制和持续改进制度，使之不断适应生产实践的需要。

设计生产流程规范制度要把握以下几点要素。其一，不同的流程规范涉及不同的职能部门和岗位，要明确相关责任人，不留模糊空间。特别是对关键工序要指定专人专岗，任何人不得代替，这是确保质量的重要一环。其二，制度设计者必须站在实际生产者的角度考虑问题，要考虑不同工序所面临的具体情况，制定出实际可行的操作规程和标准。过于理想化而不实际的规范难以执行，徒有形式，无实效。其三，流程规范的设计要兼顾大局与细节，既要对关键工序和控制点作出详细而严谨的规定，又不能因过分烦琐而影响员工的工作效率与激情，要避免"条条框框"的情形出现。其四，流程规范执行的成败关键在于管理者的监督与考核，要建立定量和定性相结合的监控标准，如作业误差率、返工率等定量标准，以及现场检查、员工沟通等定性方式，实施常态化监控，及时发现和纠正问题。其五，无论流程规范制度如何完善，也需要随着生产实践的进展和经验的积累，进行定期的梳理与评审，要收集员工对现行规范的改进意见，对新情况、新问题要及时修订和优化规范制度，使之不断完善，为企业生产服务。这些都是生产流程规范制度设计的要素，它们的结合运用可以确保流程真正发挥其应有的管理作用。

第二，风险管控制度设计

企业风险管理离不开科学的制度设计，良好的风险管控制度可以最大限度地识别和预防企业运营过程中的各种风险，能减少相关损失，确保企业目标的实现。企业风险控制的制度设计应包括建立专业风险管理部门，开展全面风险评估，制定针对各风险的应对策略，以及建立内部监督机制，这四个方面缺一不可，只要建立起来就能够系统和科学地防范企业运营中的各种风险，最大限度地保障企业目标的实现。

不同类型的风险对应不同的管理部门和岗位，风险管控制度必须明确各级管理者在风险管理中的具体责任，确保无遗漏和责任不清晰的情况出现。

风险管理的目的在于最大限度避免风险的发生，而不仅在于应对已经发生的风险事件。各项制度都要在预防和控制上下足功夫，特别是对高优先级风险，预防制度要尽可能详尽。

风险管控制度的设计者必须要对企业实际情形进行深入了解，考虑各种风险在具体运营过程中可能呈现出的特征，以此来制定出实际可操作的控制程序，而不应仅停留在理论层面。

风险管控制度的有效性关键在于是否能得到管理者及相关人员的贯彻执

行，这需要建立科学的绩效评价标准和方法。如通过关键风险指标的监测评价体系，实施对风险管理部门及各级管理者的考核，这是确保制度执行的重要措施。

要根据企业的发展与环境的变化，对现行的风险管控制度进行持续的监测与评估，发现制度缺陷要及时修订，新风险要更新制度，只有通过持续改进，风险管控制度才会不断完善。

第三，应急处置制度设计

企业应急处置的科学性决定了企业面临危机时的生存能力，这离不开系统和详尽的应急制度设计。一个完备的应急制度体系，可以让企业在面对各种突发事件时作出快速和准确的响应，最大限度减少危机造成的损失，实现企业的可持续发展。

企业应急处置的制度设计要建立专业应急管理部门，要第一时间识别企业风险与应急事件，并制定出针对各事件的应急预案，建立绩效评价体系。只有这样才能构建系统和科学的应急管理体系，最大限度地提高企业应对突发事件的处置能力，避免或减轻危机造成的损失，以确保企业安全高效的运营。

建立一套明确的应急管理机制，畅通的内部报送与沟通机制，具体制定各个岗位和部门在突发事件下的职责和权限，做到责权明确。只有责任分工明确，信息畅通，各方才能密切配合，采取一致的处置行动。

要针对不同类型的突发事件制定应急预案，明确各应急阶段的具体处置流程、人员部署、资源调配等。有了系统的预案作为依据，企业遭遇突发事件时就能按部就班，有序地展开应急处置，大大提高处置的科学性和效率。同时企业还应定期开展应急预案的演练，检验其有效性，发现不足之处及时修订预案，使之切合实际。

建立专门的应急管理部门，在平时积极培训和指导各部门，提高全员的应变意识和应急处置技能，并在突发事件发生后迅速启动应急机制，统一调度和指挥。

不断检讨和汲取应急处置的经验，持续优化应急管理机制与制度，根据实际事件暴露出的不足，修订应急预案，完善内部沟通，提高下一次处置的效率和质量，使企业应变能力不断提高。

第四，责任承担制度设计

企业责任承担制度是确保企业稳定发展的重要机制，它可以将责任分解到每个员工和部门，形成互相制衡的局面，减少道德风险和操作风险。责任承担制度的设计应遵循公平、严谨和可操作的原则，明确相关人员和部门在日常运营和突发事件中的责任范围，加强监督与约束，确保企业依法合规经营。

设计责任承担制度，首先应根据不同岗位和部门的职能，明确其日常工作中的责任范围和标准。并应针对财务、安全、质量管理等部门的高风险岗位和重要业务制定更加严格和具体的责任承担制度，以加大监管力度和约束力，严格控制风险。对重大投资、采购决策也应有明确的审批流程和责任追究机制，压力之下方能显责任。应建立相应的责任追究机制，在责任制度实施过程中发现违规行为或在突发事件后对相关人员进行严肃调查，调查结果应当具有独立性和公正性。应定期检讨和修订责任承担制度，保证其符合新的法律法规要求和企业当前的经营环境。同时，要加强全员对相关制度的培训，强化责任意识，将责任作为一种文化内化于全体员工，促进企业诚信和合规文化建设。

设计责任承担制度要把握这样几个要点。其一，责任不能只下放而没有相应的权限，否则会造成执行困难，相应的，权限下放也需要匹配责任，只有权责平衡，责任才会由被动承担变为主动担当。其二，企业责任不是某个人或某个部门的责任，而是全体员工共同的责任。这需要通过企业文化建设，透明的责任信息沟通等手段，唤醒每一个员工对公司整体目标和责任的认知。其三，要注意培养员工的责任意识和能力。通过工作培训和辅导，帮助员工理解和熟练掌握责任范围内的知识和技能。通过工作轮换，丰富员工的工作经验。这可以确保员工有足够的能力担当指定的责任。其四，建立职业规范和行为准则，为责任提供基本原则和方向，以便在复杂的工作环境中作出正确选择和判断，这是内在责任的外化和规范。员工遵循职业规范，才会主动地承担起责任。

第五，资质培训制度设计

企业资质培训制度的设计应以不断提高员工综合素质和专业技能为目的，制订系统且持续的培训计划，建立有效的培训管理和评估机制，不断优化企业人力资源配置，保障企业战略目标的实现。

设计资质培训制度，要以发展企业人才为导向，建立专业的培训管理机构，用来负责企业内部培训的规划、实施和考核。培训管理机构应制定系统的培训日志和档案，对员工的培训情况和效果进行持续跟踪和评估，并及时采取相应措施，确保培训资源的有效利用和目的达成。

对不同岗位和层级的员工实施分级别和分方向的培训制度，并根据企业发展战略和人才培养计划，制订长期和年度培训方案，包括公共课程和专业课程，覆盖知识、技能和管理能力等方面培训，满足员工在不同职业发展阶段的需要。

应采取多种有效的培训方式，如邀请外部专家讲座、组织现场参观、实施实战案例分享、建立内部导师团队等，增加培训的灵活性和针对性。同时，要加强对新员工的入职培训，加速其熟悉公司文化和业务，提高工作积极性，增强团队凝聚力。

建立严格的培训考核机制，通过测试、评估等方式验证员工的学习效果，并将考核结果应用于员工的职业发展和绩效考评体系中，真正发挥培训的战略引导作用。企业还应定期收集员工和管理者对现行培训制度的反馈意见，不断检讨和改进，使培训的投入产出比最大化，使之有效地提高企业整体素质和凝聚力。

第六，ESG 生产管理制度设计

ESG 是环境、社会和治理的英文缩写，指的是企业在业务流程中应该考虑的三个方面。ESG 生产管理制度的设计也需要考虑这三个方面的因素。在环境方面，企业应关注自身的环境影响，包括能源消耗、废水排放、废气排放等，并采取相应措施减少对环境的影响。在社会方面，企业应关注自身的社会责任，要积极参与当地社区公益事业，还要关注员工权益，制定保障员工权益的制度，如防止歧视、落实平等机会、保障工作环境安全等的规定。在治理方面，要建立科学的决策机制、信息披露机制和监督机制，这涉及制定科学的公司章程。应明确股东大会、董事会、监事会等的职权范围；建立定期的信息披露机制，保证高度的透明度；并建立内部审计和风控部门，持续监督公司运营的合规性与效率。

具体来说，ESG 生产管理制度设计的环境因素应包括：制定环境标准和规程，如废水与废气排放标准、污染防治规程、资源循环利用率要求等；提供环境管理培训，增加员工的环境保护意识，让员工参与到环境管理中来；制定环境应急预案，重视安全生产管理制度在日常工作中的全面有效执行，在出现环境影响或危害事件时可以有序高效地作出响应。

ESG 生产管理制度设计的社会因素应包括：制定员工权益保障制度，如反歧视制度、平等机会制度、职业健康安全制度等；参与当地社区公益事业，如捐赠、志愿服务等，以建立企业与社区的信任和合作关系；在采购和招聘等方面要考虑到当地社区，优先选择当地的供应商、雇主等，这有利于促进当地经济发展和社会稳定。

ESG 生产管理制度设计的公司治理因素应包括：建立科学的公司章程，明确各治理主体，如股东大会、董事会、监事会等的权责；制定高透明的信息披露制度，保证企业运营信息的及时透明；建立内部审计和内控制度，持续评估和改进企业的制度及运营，确保其符合法律和公司章程的要求；明确重大决策的流程和机制，在科学民主的基础上作出重要决定。

在上述三个方面制定监督、管理和控制的制度，将 ESG 理念融入企业经营管理全过程，这是对现代企业规范化管理制度设计的更高要求。

销售制度设计：明确销售目的、确定适用范围、细化销售细则、预见销售风险

销售制度的设计将直接影响到企业的市场竞争力，企业应充分重视销售制度建设与管理。销售制度设计应该考虑以下几个要素：明确销售目的和目标；确定销售制度的适用范围；制定具体和操作性强的销售政策、流程和规则；预见可能出现的销售风险并作出控制。销售制度的设计是一个循环迭代的过程，需要不断吸收经验，调整适应内外部环境的变化，确保制度的有效性与执行力。

第一，明确销售目的

确定销售目的是设计销售制度的第一步，它为销售工作指明了方向，其他制度设计都要围绕销售目的展开。因此，销售目的的确定必须慎重和

准确。

设计销售制度，首先须明确销售目的要与企业总体发展战略相适应，如果企业追求高速增长，销售目的就应以增加市场份额和销售收入为主；如果企业处在成熟期，销售目的则应更注重客户维系和利润最大化。销售目的要根据目标客户和产品特点确定，不同的客户群体和产品需要采取不同的销售方式。比如战略客户的销售目的更注重长期合作，而散客客户的销售目的则注重交易；高附加值产品的销售目的注重提高产品知名度和价格优势，而通用产品销售目的更看重市场占有率。销售目的要兼顾收入、利润、市场等多个维度，单一以销售收入或市场份额为目的很容易出现价格战和过度销售的问题。销售目的要定量化和具有挑战性，如果目的过于笼统，将无法指导具体销售实施；如果目的设定过低，将无法激发销售队伍的活力。销售目的应与销售资源相匹配，要考虑销售团队规模、销售经费预算、产能约束等因素，要合理而现实。

设计销售目的还需要考虑以下几点。其一，销售目的要有层次之分，通常可以分为整体销售目的、关键客户销售目的、重点产品销售目的等不同层次。其二，销售目的还应区分短期目的和长期目的，短期目的通常以年度销售计划为依据，长期目的要考虑三五年发展规划。短期目的更加具体和量化，长期目的则比较注重战略性和方向性。两者相结合，将使销售工作既有稳定的发展方向，也有落地的行动纲领。其三，销售目的应当根据市场情况进行定期评估和修订，以适应环境变化并实现与企业发展的同频共振。其四，销售目的下达后还需落实到每个销售人员，各级销售目的应同步进行考核与激励。这需要对组织架构、职责范围和业绩评价体系进行有效设计，真正实现顶层目的向基层的逐级转化。

第二，确定适用范围

销售制度的适用范围直接决定了制度的针对性和实施效果，因此需要认真分析确定。设计销售制度时，适用范围主要从产品、客户、销售渠道和区域四个维度考虑。销售制度的适用范围应基于这些差异来确定，避免产生混乱。

就产品维度来说，不同类型的产品，其销售方式和策略会有差异，对应的销售制度也不尽相同。比如高附加值的战略性产品，其销售制度应强调品牌建设和客户关系管理；而生命周期较长的基础产品，销售制度应更注重市场份额和渠道建设。企业应根据产品分类和产品生命周期确定销售制度的适用产品范围。就客户维度来说，企业面临的客户类型繁多，如重点大客户、散客客户、渠道客户等，他们的购买行为和诉求各异，需要针对性的制度予以规范和管理。对战略性大客户，应建立专门的客户管理机制和销售团队；对散客客户则需要简单和标准化的销售流程。从销售渠道的角度来看，直接销售和经销销售对应不同的销售策略与流程，需要不同的销售制度设计。如直接销售侧重推广和售后，而经销销售则注重渠道管理和销售支持。从区域性的角度来看，不同销售区域的市场环境、客户习惯和销售资源都有差异，如果采用统一销售制度，很难发挥制度的真正作用。可以将区域范围划分为国家层面、大区层面以及地区层面，并设计出相应的总体框架性销售制度和区域化销售细则。

除了产品、客户、渠道和区域四个基本因素外，还需考虑其他一些因素。其一，初创期企业通常采用广覆盖的销售制度以夯实市场，成长期企业则强调重点突破，成熟期企业更注重提高销售效率。高增长潜力产品和市场也是销售制度重点关注的适用范围。这需要立足企业生命周期和产品生命周期来划定。其二，如果市场高度认知且差异化程度低，可采用较为统一的销售制度；如果市场细分明显且购买行为差异大，则需要针对不同细分市场设计差异化销售制度。其三，对于难以管控或成本投入较大的领域，销售制度的适用范围应适当收窄，需采取更加严密和标准的管理措施，确保制度落地生效；对管控相对容易的，可适当扩大适用范围，实行比较灵活的管理方式。其四，销售制度必须是销售团队能够理解、运用并兑现的。超过销售团队专业水平或工作量的适用范围，很难真正转化为销售行动，也难以进行有效的监督。

第三，细化销售细则

销售细则是销售制度的重要组成部分，它将较为宏观和原则性的制度内容转化为具体的操作规范和工作流程。制定具体而详尽的销售细则是实现销售工作标准化的基础。细则的设计应覆盖工作全过程，追求量化与具体，并允许适度灵活。销售细则也必须符合企业实际管理需要，这需要理论联系实践，不断优化与修订。细则的优化具体，工作的规范高效，是构建高效销售团队的先决条件。

销售细则的设计，要对销售工作涉及的各类问题作出明确而全面的规定，不能存在"灰色地带"，否则会给工作执行带来隐患，也会导致责任不清晰和补救成本上升。

销售细则需要进行量化和时间框定，比如明确市场开发的频次和进度、报价批准的时间期限、产品交期的具体日期等。

销售细则对于工作内容和要点应逐一列明，责任人和审批流程也需要详细规定，但也不能过于琐碎，要兼顾原则性与可操作性。

销售细则应预留适当的灵活空间。由于客户需求和市场情况的多变，销售工作也需要一定的灵活作业权，但这种灵活性必须建立在清晰的工作原则基础之上，要有明确的例外报批和变更规定。这样就可以在追求稳定性与灵活性间取得平衡。

销售细则需要定期更新。因为市场环境和企业资源都在不断变化，如果销售细则不能及时更新，必然会出现与现实脱节的情况。而更新的关键在于建立反馈机制，发现细则中不适用或可优化的内容，并予以修订完善。细则的更新应与销售制度的修订同步进行。

销售细则的设计还需考虑行业标准和先进经验。行业内较为成熟的企业通常形成了较为科学的工作流程和管理方法。学习借鉴这些成熟经验有助于细则向专业化和高效化靠近，但直接照搬他人经验也不可取，要结合自身实际情况来综合判断和选择，并根据实施中发现的问题进行修订完善。

第四，预见销售风险

在设计销售制度时，预见可能出现的风险并采取应对措施，这是制度设计的重要环节。常见风险有客户风险、销售资源和环节的风险、自然环境等不可控风险。针对不同的产品、客户及应用场景，应提前对可能发生的风险进行识别并评估，制定相应的风险控制方案或应急预案。同时还需建立监督反馈机制监测制度执行情况，通过对业绩指标的监控、销售行为的检查、客户反馈意见的收集等手段发现问题，及时总结和优化完善销售制度。

评估潜在的客户风险主要包括客户信用风险、重点客户流失风险、需求变动风险等。客户风险的出现会损害销售收入和销售关系。销售制度应对重点客户进行信用度和流失倾向的评估，制定客户维护计划，并要求合同签订和款项收取采取严密措施，降低损失。

考虑销售资源和环节的风险主要包括销售技术风险、产品质量问题导致的售后服务风险、销售成本超支风险等，这类风险的产生会影响销售团队和产品的竞争力。因此，在制定销售制度时需要对新技术、质量保证和成本控制等作出详尽的规定，加强过程监控与反馈。

考虑自然环境等不可控风险主要包括自然灾害、行业政策变更等。这类风险虽然不可避免，但制度设计仍需提前预估可能产生的影响，制定应急预案与风险缓解方案。一旦风险出现，可以迅速启动预案以减少损失，这需要在日常销售管理中培养应对突发事件的能力。

还要定期反复评估新风险。市场环境变化很快，新的竞争者、替代产品和政策标准等都可能在任何时间产生。销售制度应建立持续的风险评估机制，发现新的潜在风险后及时更新完善制度内容和应对预案。风险管理需动态连续地进行，这是指导销售工作的长效机制。

财务制度设计：对企业财务管理工作的
具体内容作出设计

财务制度是企业财务管理活动的基本依据，具有多层次性、矩阵化、兜底性特点。在设计企业的财务制度时，首先要了解财务制度设计的目的是企业在实施财务管理活动以及处理财务关系时，必须要依据一系列制度来进行规范，以增强财务管理活动的有效性，保证财务管理健康发展，促使经营活动的正常开展。

企业财务管理工作内容有很多，诸如预算制度、财务管理、财务分析、财务报表编制、成本管理，以及财务报表审计、财务风险管理、外汇风险管理和财务信息系统等。而筹资管理、投资管理、营运资金管理和利润分配管理涵盖了上述内容的方方面面，因此财务制度设计应该主要针对这几方面进行。

第一，筹资管理制度设计

筹资管理制度设计涉及两个关键方面：筹资方式和资金结构。筹资方式决定了企业融资的渠道和手段，资金结构决定了企业不同期限和成本的资金配置。资本结构优化是企业筹资管理的基本目标。

在筹资方式方面，企业的权益资金可以通过吸收直接投资、发行股票、企业内部留存收益等方式取得；企业的负债资金可以通过向银行借款、发行债券、应付款项等方式取得。企业应根据自身的发展阶段和资金需求，选择适当的融资方式。

资金结构方面，企业要合理配置短期资金、中长期资金和长期资金。短期资金主要用于企业的运营和周转，资金成本较低但也面临流动性风险；中长期资金通常用于企业一年到五年的发展计划投入，可以为企业提供稳定的资金支持；长期资金主要用于企业的重大战略投资和资本开支，有利于企业长期稳定发展但也意味着较长的资金回收期。企业应根据未来发展战略及资金需求，设定不同期限的资金目标比例，优化资本结构。

具体到筹资管理制度的设计，可以从以下几个方面进行细化：

要对企业未来资金需求的预测与计划，制定相应的资金预算，并定期跟踪和调整，确保资金使用高效和适度。

要建立专业的融资评估团队，制定科学的融资方案评估模板，评估不同融资方案的利弊，并有明确的审批程序与权限。

要制定资金使用的规章制度，加强对资金流向和使用的监督与审计，防范资金流失与滥用的风险。这也有利于企业及时发现问题并进行改善，确保资金使用的合法、合规与效率。

要与多家银行机构建立广泛的合作关系，争取授信额度与贷款承诺；与多家投资机构或个人投资者建立战略合作伙伴关系，以备不时之需。

以上几点可以帮助企业进一步细化和完善筹资管理制度，能确保在复杂多变的市场环境中有效地满足公司的融资需求，实现财务的安全稳健与公司的持续发展。

第二，投资管理制度设计

投资管理制度有计划管理和资金管理两个关键方面。计划管理着重对投资项目的评估和选择，资金管理着重对投资资金的安排和使用。

在计划管理方面，企业需要建立科学的投资决策机制。这包括组建专业的投资评估团队，制定系统的投资项目评估标准，对不同的投资项目进行全面评估和选择。投资项目评估要考虑项目与企业战略的契合度、资金回收期和投资收益率等。企业还应制定明确的项目审批流程，并区分不同金额项目的审批权限。科学的计划管理机制可以最大限度地降低投资风险，选出高质量的投资项目。

在资金管理方面，企业要加强对投资资金的整体管理和控制。这包括投资资金的预算与分配，制定不同项目的资金计划与拨付时间表，并定期跟踪资金使用情况，确保资金使用高效与合规。同时，企业还应建立严格的资金监管制度，指定专人监督资金流向，加强对资金实际支出的审核与审计。这有利于及时发现问题并进行纠正，最大限度减少资金损失和滥用风险。

除此之外，企业还应构建灵活的应急资金机制。这包括与银行建立广泛授信关系，以获得紧急贷款支持；与投资机构或个人投资者建立投资合作关系，获取潜在的投资资金；保持一定的资金储备，用于投资计划变更或新投资机会。应急资金机制可以帮助企业在突发资金短缺的情况时，快速获得资金以确保关键项目的顺利进行。

具体到投资管理制度的设计，可以从以下几个方面进行细化：

要制定长期的公司投资战略与发展规划，明确重点投资领域与项目；根据战略规划设定年度投资计划，包括投资资金额度、项目数量与类型等；并定期评估投资战略与计划，根据市场变化进行适时调整。系统的投资战略管理可以指导企业高质量投资，实现公司战略目标。

要全面跟踪已投项目的运行情况，评估项目绩效与风险，并有计划地进行投资组合的调整与优化。对高风险低效项目要及时退出或改进；对高效项目要加大投入，并结合市场机会辅以新投资，通过动态调整达至最优的投资组合。

应加强对已投项目的管理与监督，定期评估项目进展与投资回报情况，并制订改进计划对项目实施全面监控，对投资绩效低于预期的项目要按时采取纠正措施。投后管理与绩效评估有利于发现问题、改进投资策略与管理，提高资金使用效率。

对进展不利或绩效持续低迷的投资项目，企业应及时采取退出或清算措施，控制损失。这需要事先研究不同项目的退出机制与方案，并制定相应的权限与程序，一旦项目失败要快速启动应急程序。建立科学的失败投资处置机制可以有效地控制投资损失，释放资金投向更有前景的项目。

以上几点可以进一步优化企业的投资管理机制，通过战略管理、组合调整、投后监管与风险控制等措施实现投资的高效运行和资金的安全使用，不断提高企业的投资与发展水平。

第三，营运资金管理制度设计

营运资金是企业运营所需要的资本，是一个企业投放在流动资产上的资金，具体包括应收账款、存货、其他应收款、应付票据、预收票据、预提费用，以及其他应付款等占用的资金，人们一般将其称为"现金流"。

营运资金管理主要是保持现金的收支平衡。要加强对存货、应收账款的管理，提高资金的使用效率；要通过制定各项费用预算和定额，降低产品消耗，提高生产效率，节约各项成本开支。在制度设计方面，为了保证企业日常经营活动的资金需求，需要从风险规避、价值增值、利润提高和制度完善四个方面加以考虑。

重视风险规避要对资金短缺风险、资金滞留风险和资金损失风险等进行资金风险评估与对策研究。企业应预测运营资金的需求与周转情况，关注现金流变化，并与银行达成授信协议以获得紧急资金支持。在这个过程中要加强资金监管，避免资金滞留与损失。

注重价值增值需要优化资金使用效率与效益。企业应制定科学的资金预算与使用计划，定期评估资金使用情况并采取相关措施以提高使用效率；合理选择短期理财产品，通过稳健操作获得资金增值收益；缩短客户回款期和供应商付款期，加快现金流转速度，缩短现金流转周期。

关注利润提高要关注资金成本的管控与降低。企业要选择低成本的融资方式，管理好借贷结构与比例；压缩非生产性资金使用，尽量缩短非必要资金占用时间；加强资产清理与处置，回收闲置资金。这可以减少资金成本支出，提高企业盈利空间。

制度完善包括资金预算管理制度、资金监管与审计制度、资金风险管理制度的完善。完善的制度体系可以规范资金管理行为，防范资金风险，确保资金高效使用与企业经营稳健。

为进一步优化运营资金管理制度，可以从以下几个方面着手：

一要划分不同用途的资金池，如日常经营资金池、应急资金池和战略资金池等，加强对不同资金池的管理，实现资金的分类管理与控制。同时，允许资金池之间的临时借支与调拨，增加资金使用的弹性与效率。

二要制订详尽的资金预算方案，建立定期的预算绩效评估机制，比较实际支出与预算差异，并要求各部门就差异原因与后续调整方案进行报告。加强预算管理与绩效评价可以强化资金使用的规划与监督，提高资金使用效率。

三要简化部门之间的资金拨付流程，允许相互借用并在每月月底统一结算；要建立内部客户供应商关系，部门之间资金收付以订单结算，每月根据实际业务量调整下一月度资金划拨。

四要指定专职资金监督部门，加强对资金实际流向的监督检查；要定期开展资金管理与使用的内部审计，及时发现问题并提出整改方案。

以上措施可以帮助企业建立全面而灵活的运营资金管理体系，通过分类管理、预算控制、高效交易与严密监管等手段实现资金高效使用、降本增效与风险防控，来稳定和提高企业的经营与盈利水平。

第四，利润分配管理制度设计

利润分配管理的主要内容包括：计算可分配利润、提取任何盈余公积金、提取法定盈余公积金和向投资者（股东）分配利润（支付股息）。在进行制度设计时必须考虑这些内容。

计算利润分配需要根据公司的会计政策与会计准则，将今年的净利润（或亏损）与年初未分配的利润（或亏损）合并，计算可分配的利润。如果可分配利润为负（即亏损），则不能进行后续分配；如果可分配利润为正（即今年累计利润），则进行后续分配。同时，还应参考公司的发展阶段与资金需求，确定可供分配的利润额度。

提取任何盈余公积金应根据企业会计准则的规定来进行，以增强公司的风险抵御能力，为企业发展提供资金保障。任何盈余公积金的提取标准应由股东大会确定，经股东大会同意，才可用于分配。

提取法定盈余公积金，须依照《中华人民共和国公司法》的规定，公司每年提取税后利润的 10% 作为法定盈余公积金，用于弥补公司亏损或增加注册资本，但当法定盈余公积金已达到注册资本的 50% 时，不得提取。提取的法定盈余公积金可用于弥补上一年度亏损或增加资本。但转让资本后保留的法定盈余公积金不得低于注册资本的 25%。法定盈余公积金的提取是强制性要求，以确保公司的资本安全。

在科学合理地提取公积金后，公司应将剩余税后利润分配给投资者或股东，这需要制定科学的股息分配政策，包括现金股息与红股的比例、分配频率和分红标准等。股息分配政策的制定要综合考虑公司长期发展与股东利益，在两者之间达到平衡。

在向投资者（股东）分配利润（支付股息）时，企业前一年未分配的利润可以纳入本年度分配。公司股东会或者董事会违反上述利润分配顺序，在抵销亏损、提取法定公积金前向股东分配利润的，必须将违反规定的利润退还公司。

为进一步完善利润分配管理制度，企业可以考虑以下几点：

一要组建利润分配评估团队，制定科学的利润分配方案评估标准，评估不同分配方案的影响与效果，可为管理层决策提供重要参考，让管理层选择最佳的利润分配方案。

二要深入研究股票价格、股东结构与分红政策之间的关系，并根据公司长期发展战略及股东利益制订年度分红计划。科学的分红规划可以营造良好的投资者关系，维护股价的稳定。

三要按照证券监管机构的要求，及时全面披露利润分配相关信息，包括净利润、盈余公积金、分红标准等数据，并说明利润分配方案与政策产生的理由。加强信息披露可以提高公司透明度，让股东深入了解利润分配方案的合理性，从而信任与支持管理层的决策。

四要制定明确的利润分配决策流程，区分不同级别管理人员的审批权限；指定专职部门负责利润分配方案的组织与实施，并及时向股东发放现金股息与红股。完善的程序机制可以确保利润分配工作的高效规范开展，使股东及时分享公司的利润与成果。

以上建议可以进一步优化企业的利润分配管理机制，通过专业评估、科学规划、信息披露与程序保障等措施实现分配的高效、恰当与合理，保护股东的权益并分享公司的成长价值，提高公司的透明度与投资者信任度。

会计制度设计：拟定会计制度总体规划，设计相关具体内容

会计制度设计一般分为两个方面，即总体设计和与总体设计相关的具体内容。总体设计是指设计会计制度时所拟定的总体规划，要解决的是会计制度的根本性问题。具体设计是根据总体设计方案的要求，详细设计各种记录、报告及用户，定义并分类每个账户，安排内部控制系统等。

第一，拟定会计制度的总体规划

会计制度设计的第一步是制定全面而系统的总体规划，包括经济指标及其报表体现形式、会计科目、成本计算方法及其规程、会计核算形式与内部控制制度等。

经济指标方面，总体规划应说明以下经济指标，并通过相关会计报表加以反映。一是资产负债表中的资产总额、负债总额和所有者权益，可反映企业的财务状况和财务结构。这些指标显示企业拥有的经济资源与负债的规模，为评价企业偿债能力和财务稳健性提供依据。二是损益表中的主营业务收入、利润总额和净利润，可反映企业的盈利能力和盈利质量。这些指标显示企业从事主要业务活动获得的经济利益，以及各项业务和投资的盈利贡献

度，为评价企业经营与成长实力提供参考。三是现金流量表中的经营活动产生的现金流量净额，此项反映企业的现金流生成能力。该指标显示企业主要业务活动产生或使用的现金流量，为评价企业的现金流动性和偿债能力提供依据。四是所有者权益变动表中的所有者权益合计，此项反映企业产权结构的变化及价值增长情况。该指标综合展示影响所有者权益的各项交易和事项，为分析企业的产权变动和价值增长来源提供信息。五是财务报表的注释与附注，提供上述各项指标与报表的进一步阐述与说明。这包括会计政策与会计估计的披露，重要会计事项的解释，以及其他补充财务信息的提供。注释有助于报表使用者深入理解和正确解释上述经济指标，对分析企业财务状况和经营成果起到重要作用。这些报表与其详尽注释的提供，使企业会计信息的生成和披露更加准确、准时与透明，为企业内外部决策者提供全面和客观的分析参考。

会计科目方面，会计制度设计总体规划中的会计科目，其种类和繁简程度应遵循以下原则。一是覆盖企业经营活动的各个方面，会计科目应设置资产类、负债类、权益类、成本类、收入类等，涵盖企业的资产负债、损益等全貌，以生成全面反映企业财务状况和经营成果的会计信息。二是结合企业实际选择适度的种类，科目设置过于简单将难以满足信息需求，而过于繁复又将会影响记账效率。企业应根据自身规模、业务范围和管理需要等因素，设计种类适当且能满足实际需要的科目结构。三是明确科目性质与记账对象，每个科目应有清晰的定义和记账范围，并规定准确的计量方法和单位，以确保记账准确和信息可比。相关会计政策也应对每类科目进行详细阐述，为记账实务提供指引。四是建立有效的科目编码与排序规则，常用的编码规则有按资产负债表与损益表分段编码、按大类分类再细分编码等。科目编码应具有一定扩展性，便于新增科目。科目排序通常遵循资产负债表科目、损益表科目先后顺序，体现科目间的逻辑关系。五是根据企业发展调整科目设置。随着业务和管理模式的变化，企业应不断检讨现有科目设置，增加或修改科目以适应新的需要。科目的动态调整可以使会计信息更加准确和完整地反映企业的最新财务状况和经营成果。

成本计算方面，会计制度设计总体规划中的成本计算，其方法的选择及其规程应包括以下内容。一是选择与企业生产经营活动相适应的成本计算方法，常用方法有实际成本法、标准成本法和作业成本法等。企业应根据产品与生产方式的特征选择最贴近成本形成过程的方法计算生产成本。二是明确选择方法的基础与前提，如实际成本法需要对全部实际成本进行统计与分配，标准成本法需要先制定产量标准和各项费用标准等。只有构建了相应的基础，所选方法才能准确计量成本。三是制定详细的操作规程，应包括原料入库的计价方法、人工成本和制造费用的分配方法、产成品计价方法及成本的汇总等内容。详尽的操作规程可以指导成本会计的实务工作，保证成本信息的准确性。四是建立成本分析与控制的机制，包括对实际成本与标准成本的差异分析，找出差异产生的原因，重要成本数据的考核与责任分配，预算控制与财务指标管理等。这些机制可以实现对成本的有效监控，为经营管理提供决策支持。五是不断修订与完善方法和规程，随着生产技术与组织模式的变化，企业需要及时检讨现行成本方法和规程，对不适用的内容进行修改或更新，确保成本计算的准确性和及时性。修订内容也应在会计制度中进行修改和补充。

在会计核算形式与内部控制制度方面，进行会计制度设计总体规划中应包括以下内容。一是选择电算化与记账相结合的核算形式，电算化处理可以实现信息的高效处理与共享，而人工记账则更符合某些核算的准确性要求，两种形式的有机结合可以发挥各自的优势，实现核算工作的自动化与准确性。二是建立系统的凭证制度与账簿体系，凭证制度应规定各类凭证的格式与填制要求；账簿体系应设置总账与明细账簿，构建合理的账簿关系架构，实现信息的归集与分类。严密的凭证与账簿系统是进行规范会计核算的基础。三是在关键环节设置内部控制制度，如对凭证的审批、记账的检查、账簿的保管等设置相应的控制措施与程序。内部控制应选择最经济有效的方式，设置在信息生成与记载的关键点，形成系统的控制网络，保证信息的真实、准确与完整。四是制定详尽的核算操作规程，明确每道会计程序的具体操作内容、要求与责任人，包括凭证的管理、记账的执行、账簿的使用与核对等。操作规程的制定可以指导会计人员规范开展各项工作，减少判断失误与差错发生。五是建立内部审计部门并实施定期审计。内部审计部门应定期对会计核算过程与结果进行检查，评价内部控制制度的有效性，要及时发现问题并提出整改措施，以确保会计信息的准确、可靠与完整。

第二，设计关于总体规划的具体内容

具体设计过程中，要把改善经营管理，加强会计监督的要求体现在设计项目上，包括会计核算形式的设计、会计科目及其使用方法的设计、会计核算规程的设计、内部控制制度的设计等。

会计核算形式的设计是会计凭证、账簿总体结构的设计，也是记录企业会计信息的载体，其总体结构设计应遵循规范、科学与高效的原则。一是会计凭证的结构设计应包括凭证的种类、格式与内容，常用的凭证种类有通用凭证、特殊凭证与复式凭证等，每种凭证应设定标准的格式与必填项目，用于不同的经济业务记录。凭证内容应包含交易的重要信息，如交易日期、项目、金额、交易双方等，以满足会计核算与管理的需要。凭证的种类与格式过于繁杂会影响填制效率，企业应选取最适用的结构。二是会计账簿的结构设计应构建总账、辅助账簿应与明细账簿的有机架构。总账反映企业所有财务信息，辅助账簿将特定项目信息详细记录，而明细账簿则包含大量同类交易信息。这三类账簿应相互衔接，并在电算化的基础上实施，实现信息的自动归集与汇总。三是会计凭证与账簿的结构设计应满足内部控制的要求，要在凭证上设计审批栏和复核栏，明确各级审批主体及范围。账簿则应定期进行盘点与凭证的对应核对，检查信息记录的准确性与完整性。内部控制措施的落实可以及时发现和纠正错误，防止舞弊行为，保证会计信息的真实与可靠。四是会计凭证与账簿的电算化设计应选择功能强大的会计软件。软件应可以根据制定的凭证种类与格式自动生成凭证，并指定各项目的必填性及其他属性要求。软件还应具有账簿间的自动转账功能，实现信息的有机串联与实时更新。电算化处理可以显著提高记录与核算的效率，减少人为操作错误的发生。

会计科目的设计，即账户分类的设计，是会计核算与会计报表生成的基础，其设计应遵循真实、准确、完整与连续的原则。一是应覆盖企业运营管理的各个方面，如资产、负债、所有者权益、成本、收入等，使会计信息全面反映企业的财务状况与经营成果。科目设置过于复杂会影响会计工作效率，而过于简单又无法满足信息需求，企业应根据自身特点设计最适用的科目架构。二是应具有明确的定性与定量特征，这需要对每个科目进行严密定义，明确记账对象与记账范围，并设定标准的计量方法与计量单位。科目特征的清晰可以确保记账的准确性，并使会计信息具有可比性。此外，相关的会计政策也应针对每个科目进行详尽阐述，为记账实务提供指引。三是应按照一定的原则进行编码与排序，常用的编码原则有资产负债表科目、损益表科目分段编码、按大类分组再细分等。编码的设计应具有扩展性，便于新科目的增加和变更。科目的排序通常采用资产负债表科目、损益表科目的顺序，这会使会计报表具有清晰的逻辑体系与结构。四是应具体应用于会计记账、余额表以及财务会计报表的生成。在记账时，会计人员应选择与交易性质相匹配的科目进行记账核算，为资产负债表与损益表的编制奠定基础。在报表生成过程中，会计人员应按照科目的定义与范围将相应的科目余额汇总，形成资产负债表、损益表以及现金流量表等报表内容。科目设置的科学与合理性，直接决定着会计报表在反映企业财务状况与经营成果方面的能力。

会计核算程序是实现会计目标和生成会计信息的操作流程，其设计应体现高效、准确与规范的原则。一是应制定系统的凭证管理流程，这包括凭证的填制、复核、归档与扫描入库等程序。凭证管理程序应规定每种凭证的填制主体、内容要素与复核方式，并建立疑义凭证的处理机制。科学的流程可以确保凭证信息的完整、准确与及时，为后续核算工作提供可靠依据。二是应设计规范的记账操作流程，这包括确定各类科目的对应借方与贷方、指定记账主体与复核制度、要求记账及时与准确无误等。记账操作流程应系统规定每种交易的具体记账内容与步骤，并根据凭证信息进行记账检查，这是获得真实与完整会计记录的基础。三是应制定周密的账簿管理流程，这包括账簿的开立、使用、保管与销毁等程序。账簿管理应指定账簿的种类与使用期限，明确记账主体与查账主体，加强账簿的定期盘点与保管，以确保账簿的完整、准确与安全。账簿作为会计记录与信息的载体，其管理程序的严密性直接影响会计核算的效果。四是应建立有效的内部控制机制，这需要在各项程序的制定与执行中设置相应的检查与监督措施，如对凭证要求逐级审批，定期对记账与账簿进行核对，检查会计档案的完整性与安全性等。内部控制程序的运行可以发现与纠正错误或违规行为，并以此纠正保障会计信息的真实与可靠。

内部控制制度是确保会计信息真实、准确与完整的重要机制，其设计应遵循全面、有效与独立的原则。一是应设置在会计工作的各个环节，形成全面的控制网络，这包括凭证管理的控制、记账操作的控制与账簿管理的控制等。在每一个环节应制定具体控制措施，如凭证的审批与复核、记账的检查与对账、账簿的盘点与保管等。全面的控制机制可以最大限度发现与纠正错误，防止舞弊行为，保证会计信息的真实性。二是应选择实施成本较低且效果显著的控制措施，如对关键的会计工作实施双人审计或双人复核，并将控制点设置在关键的作业交接节点。有限的控制资源应向重要的控制区域倾斜，发挥最大的控制效果。简单有效的控制措施也更容易被操作者理解与执行。三是内部控制制度的制定与执行应由内部审计部门独立完成，内部审计部门应具有丰富的会计与审计知识，能够识别各类风险并提出有针对性的控制方案。在具体执行过程中，内部审计应保持足够的专业判断力与独立性，及时发现问题并提出中立的改进建议。内部审计部门的独立性可以保证控制措施的有效性与权威性。四是内部控制制度应定期检查与评估，内部审计部门应定期检查各项控制措施的运行情况，评估其是否发挥了应有的控制作用，并根据环境变化与新风险提出修订意见。控制措施的持续检验可以及时发现其中的不足与漏洞，确保其合理性、有效性与实用性。定期的评估结果也应向管理层报告，以决定新的控制策略或优化现有控制措施。

质量制度设计：设计平衡生产制造者与使用者不同需求的质量制度

生产制造者和使用者在质量需求上会有差异，对生产者来说，质量主要考虑生产成本和效率，而使用者关心产品的性能、稳定性、安全性等，这些都与高质量相关。解决这两者需求差异的关键是沟通，生产者需要理解使用者的真实需求，设计高质量的产品；使用者也需要理解生产成本的限制，有合理的预期。从质量制度设计的角度来讲，如何设计出平衡生产制造者与使用者不同需求的质量制度，要站在生产制造者和使用者双方不同的立场加以考虑。

第一，平衡生产制造者与使用者不同需求的质量制度设计的基本思路

设计一套能够平衡生产制造者和使用者不同质量需求的制度，是一件比较复杂的事情。

在开始设计之前，质量制度设计团队要深入了解双方的真实需求。对生产制造者来说，他们更关注成本控制和生产效率，只要达到一定的质量要求和标准即可。而使用者在意产品的性能表现和体验，追求尽可能高的质量。这两个角度的差异，造就了对质量期望的差距。

为了搭建这两种不同需求之间的桥梁，设计团队的首要工作是将使用者体验作为质量制度设计的出发点和落脚点。可以通过用户调研，观察分析用户行为，理解他们真正的需求和期望。以用户体验为中心，将其转换为具体的质量要求和标准，这需要设计团队采取以用户为中心的方法论，站在他们的角度思考问题。

在具体制定质量标准时，需要兼顾生产者的限制条件。标准不宜过于理想化，要切实可行，否则只会增加生产成本和难度，从而使之难以实施与遵循。可以设置不同层次的标准，除了满足主流用户需求外，也要考虑到专业用户的个性化需求。生产者应在制度设计时派代表全程参与，表达实际情况和意见，与使用者代表对话协商，达成一致且合理的结果。

这种质量制度的设计并不代表其最后定型。实施后，还需要生产制造者和使用者密切交流与反馈，设计者要据此不断修订和改进制度，让其更加适用和满足双方需求。这要求建立有效的改进机制，定期检讨与优化。只有不断进步，制度才能真正发挥作用，不至于空欢喜一场，这就要求生产者保持一颗敬畏的心，通过不断创新以达到更好的用户体验。

一套平衡双方质量需求的制度，需要共同的理解，相互的包容，以及持续的改进。生产者和使用者要以客户为中心，在开放的沟通下实现合作，这是设计高质量体系的前提。只有真正站在用户的角度思考问题，体会他们的感受，这套质量制度和产品才会是高度契合市场与用户需求的。

第二，平衡生产制造者与使用者不同需求的质量制度设计的实务策略

要设计出能够平衡生产者和使用者不同质量需求的制度，就要从关注用户体验、考虑生产制造者的实际情况、加强交流与反馈、追求卓越几个方面入手。

质量制度的最终目的是满足使用者需求，提供好的用户体验。所以设计团队要站在使用者的角度思考问题，以他们的视角来审视和判断质量，让使用者的声音在设计中发挥决定作用。可以通过用户调研、观察用户行为等方法，深入理解使用者需求。然后以使用者需求为出发点设计产品和质量制度。简言之，要通过收集使用者的意见和需求，并使之转化为质量要求和标准。

标准设置要现实可行，要考虑生产成本与技术条件的限制，不能增加过多难以实现的要求，否则只会导致实施障碍的产生。所以可以在不同层次设置质量要求，兼顾主流使用者与专业使用者。另外，在制度设计过程中，既要有生产者代表，也要有使用者代表。双方可以通过平等沟通，达成统一的理解和质量要求。生产者代表应参与全程讨论，表达具体看法，与使用者达成合理共识。

质量制度设计完成后，实施过程中仍需收集使用者的使用体验与意见，以及生产制造者的实施情况。这些反馈对继续优化和改进制度至关重要。双方还需要在交付和售后等环节继续磋商，达成在质量与成本之间的平衡。

制度中要建立系统化的质量监控和改进机制，对标相应的用户需求和反馈，不断提高产品与服务的质量，以达到用户不断提高的体验期望。这也将有助于生产者的不断创新和进步。

行政制度设计：罗列工作内容、确定工作标准、不断滚动更新

设计行政制度，需要具体而详细地罗列与制定相关工作内容和标准，但仅此并不足够，还需要注重制度的活性，要根据实际工作反馈不断优化与改进，滚动更新，及时修订与改进。

第一，罗列工作内容

行政工作的特点就是都是难度不大的日常琐事，但要做到面面俱到并兼顾效率与成本并不容易。在行政制度设计的过程中，可以在相关制度文件中明确各项工作的内容。这样做可以明确职责，实现标准化操作，便于监督，利于学习，制度文件的存在也可以最大限度地保持工作的连贯性。

在行政制度设计中，关于各项工作的具体内容，如职责制度、工作流程、操作手册、绩效考核制度、培训计划，可以在如下制度中进行详细罗列。职责制度要明确各部门及关键岗位的主要职责，列出具体工作内容和任

务；工作流程要求在制度中设计工作流程图或说明，标明每个流程节点的具体工作内容；操作手册是对某些工作过程中的具体操作要点进行详细说明，如业务办理、资料审批等；绩效考核制度是将关键工作任务或者标准作为绩效考核的内容予以列明；培训计划即将工作内容和流程纳入培训计划和培训大纲中，作为员工的业务学习要点。通过在这些制度设计中体现工作内容，可以使行政制度更加完备、权威和可操作。这也是行政制度设计的一个重要方面。

第二，确定工作标准

在行政制度设计中确定工作标准是非常重要的，这是设计高质量行政制度的关键所在。工作标准主要包括办理时限、办理程序、资料要求、结果规格、服务水平等。

在制定工作标准时，要遵循合法合规、科学合理、简明清晰、统一规范、可衡量的原则。合法合规强调的是标准的制定要符合相关的法律法规和组织政策要求；科学合理指的是标准要在前期调研和分析的基础上得出，并经过充分论证，保证其科学性和可操作性；简明清晰说的是标准的表述要简洁明了，易于理解和遵循，避免模糊或空泛的规定；统一规范要求标准要在组织内实现统一，不同部门的标准要协调一致，不能相互矛盾；可衡量即标准的制定要考虑到可操作性，并可以作为考核与评价的参考依据。通过在行政制度中融入恰当的工作标准，可以进一步提高制度的权威性、可执行性和实效性。

第三，不断滚动更新

行政制度实施后，要确保其连续适应组织与环境的变化，关键是作到及时修订和改进，保证制度的滚动更新。这可以从定期评估、重点跟踪、广收意见、情况修订、优化内容、定期修订几个方面入手。

定期评估指的是定期组织对现行制度的评估，检验其是否仍符合改革目标，能否适应新的组织结构、业务流程等；重点跟踪是对新实施的制度或内容较为复杂的制度进行重点跟踪，密切监测其在实施中的效果，及时发现不足之处；广收意见即通过多种渠道广泛收集意见与建议，如委员会讨论、问卷调查、座谈会等，应重点关注一线员工的实际体验，并发现实际问题，这有利于提出切实可行的修订意见；情况修订即对重大环境变化或突发事件产生的影响进行研究分析，如果现有制度无法满足要求，应及时提出修订方案；优化内容就是在日常工作中发现制度内容不太合理、可操作或可理解的地方，要记录下来，并在下一轮修订中进行优化完善；定期修订说的是除对特定问题进行修订外，还应定期组织全面检查现行制度，对不适应的内容进行修订，确保制度的实效性，通常每一到三年开展一次全面修订比较合适。通过这几方面工作，可以最大限度地保证行政制度的适应性、连贯性和实效性。滚动更新是制度管理的常态，是行政制度真正发挥作用的前提，行政组织要重视此方面工作，投入必要的人力与资源保障。

第三章 制度执行：打造企业制度执行力

企业推行一种规章制度最直接的目的就是提高组织的协调性和管理的有效性，最终使企业获得最大的潜在利润。而有的企业制度形同虚设、难以落地，不仅会造成管理上的混乱，更将直接影响企业的经营发展。要使企业规章制度能有效执行，就必须采取以下措施：通过流程管理，让制度执行落到实处；将制度执行流程化、查核化、奖惩化；自上而下推进制度落实；打造合理的机制、硬朗的作风、强劲的文化；通过"积分制"管理，增强企业制度的执行力；在责任、表率、教育、反馈等各个方面强化制度执行等。

找出公司制度形同虚设背后的原因

制度是执行力的保障，很多企业十分重视制度的制定，很多公司都不缺制度，有的还很健全，但是对员工的约束力却不强。大部分制度停留在纸上，没能发挥它应有的作用，导致制度形同虚设。究其原因，主要是制度建设层面和制度执行层面出了问题。

第一，制度建设层面存在不足

导致公司规章制度形同虚设的一个重要原因，是公司制度建设存在不足。归纳起来，主要是作风不实和创新不够。

作风不实就是不坚持实事求是，不从实际出发，急功近利，不按企业发展、市场变化的客观规律办事。主要表现是：在制定制度过程中，没有进行广泛而深入的调研与需求分析，无法准确把握现状与问题，制度内容难以切合实际；制度制定程序不合理，如时间过于仓促或未能广泛征求意见，导致制度内容不够精密和权威，或者长时间制定却无法定稿，严重影响效率；制度制定者对工作态度不认真负责，未能准确理解上级意图或把握业务要点，工作流于形式，难以达到预期目标；制度涉及的部门职责划分不清，导致工作任务和流程设置存在漏洞或冗余；过于注重制度文件的数量和体例美感，内容却不切实可行，也没有根据自身组织特点制定针对性制度，而是直接照抄其他公司的制度，同时某些制度主要是因为其他公司都有或者上级要求，而非出于自身发展的实际需要；在制度实施后，未能及时收集意见与建议，定期开展检查评估，对新出现的问题无法及时更新与修订等。

创新不够就是安于现状，更没有能力使自己认识新事物，找到新思维。主要表现是：直接照搬其他公司的制度模板，没有根据自身情况进行针对性改进与创新设计；长期使用相同的制度形式、表述方式与模板，无法在新的环境下产生新的思路与构想；制度内容与形式较为死板生硬，无法根据实际情况进行灵活调整，难以适应环境变化或特殊需要；在制度设计上，习惯采用固定的思路与模式，而非根据最新管理理念或业务发展规律进行创新；现有的工作流程存在不合理或冗余的环节，但在制度更新时未能进行优化与重构；制度中的制衡设置较为单一，过于依赖典型的监督检查手段，而非借助工作流程本身或者管理体系进行制衡；在信息技术广泛运用的今天，许多制度未能实现与信息系统的有效结合，信息化程度不高，难以发挥技术手段的助力作用。

第二，制度执行层面无法贯彻

主要表现是：执行者对制度不认同，因为在制定制度时，员工的利益没有得到重视，想当然地制定出了一些让员工反感的制度；制度缺乏奖惩机制，员工做得好的地方没有什么实质上的奖励，做得不好的也没有实施应有的惩罚；员工没有执行力，上司不重视或不带头执行，层级越高，对制度的破坏性也就越大，这会导致下面的人纷纷效仿甚至钻空子。制度执行层面无法贯彻的表现还有很多，在此不一一列举，各公司可以自查，并努力改进。

通过流程管理，让制度执行落到实处

流程管理为规范化执行与监督检查提供了标准与平台，为发现问题与持续改进提供了信息与依据。通过流程管理，可以最大限度推动各项制度的落实，实现管理创新与优化。

第一，加强对制度生命周期的管理

对制度生命周期的有效管理，体现在宣贯培训、试运行检验、监督检查、绩效评估、制度修订等过程。这需要管理者拥有足够的耐心与毅力，通过不断优化和提高，使制度真正发挥其应有作用，达成最终的管理目标。这也是高效管理的重要体现之一。

加强对制度生命周期的管理，意味着我们不能仅关注制度的制定阶段，还要重视制度实施后的管理，包括宣贯、试运行、督查、收集意见、评估、修订等环节。

宣贯就是新制度发布后，要组织全员学习与培训，使每个员工准确理解制度内容与要求，厘清工作职责，这是新制度顺畅实施的基础。

试运行指的是对较复杂的制度，在全面实施前可以先进行试运行，检验制度在实际工作中是否存在不足之处，然后再进行修订完善。这可以减少正式实施过程中的问题，确保其效果。

督查就是在制度实施后，要定期对执行情况进行监督检查，发现问题要及时提出整改要求，强化员工的责任意识，促进员工自觉遵守相关制度。这是保证高质量执行的关键所在。

收集意见即通过各种渠道广泛收集意见与建议，特别要关注一线员工的实施感受，对于制度中存在的问题要及时提出修订方案。这可以不断增强制度的适用性。

评估即对现行制度进行定期的评估，分析并判断其是否仍符合改革目标及业务需要，能否适应组织结构与环境的变化，并对评估结果进行修订与调整。这是确保制度不断优化的重要手段。

除定期评估外，在具体工作中发现制度内容或要求不太合理的地方也要记录并提出修订建议。只有经过持续的修订与优化，制度才会更加完备和成熟。

第二，采取具体的流程管理措施

良好的流程管理可以使制度真正"落地生根"，转化为各级组织和员工的自觉行动。

首先，要梳理工作流程与制度内容的对应关系。不同的工作或业务遵循的流程与制度是密切相关的，要确保每一个工作流程节点都可以对应相关的制度规定。如果在某个流程环节发现对应制度不清晰或制度内容空泛，那么该制度的可操作性就存在问题。这需要在制定流程的同时，对相关制度进行重新审视与修订。在具体工作中，要做到与员工一起梳理业务流程，使每个流程节点都可以对应相应的制度要求，让员工理解遵循制度的重要性。通过流程管理平台或信息系统，可以提供标准化的操作指引，监测工作过程中制度执行的情况，这也为员工提供了可操作的遵循路径。定期组织专项检查或者工作评价，集中关注制度执行情况，发现问题及时提出整改要求，强化员工的责任意识。

其次，要在具体的流程设计中融入制度执行的要素。可以在每个关键节点设置制度执行检查点，并对办理人员的主要职责、资料要求、时限要求等进行明确规定。在实施培训时也要结合具体流程进行讲解，使员工理解制度要素在日常工作中的体现方式。这可以避免制度执行的形式主义，让其变成员工内化的自觉要求。

再次，通过信息系统进一步规范流程执行。许多企业管理软件可以对复杂的流程进行数字化设计，可在此基础上嵌入相关制度内容，形成标准化的操作指引。这不仅可以实现流程电子化管理，也为员工提供了查询与遵循制度的便捷途径。通过数据统计与分析还可以随时掌握流程执行和制度遵循的情况，发现问题并提出针对性的改进建议。

又次，要建立健全的监督机制。通过对流程执行和制度遵循情况的持续监督检查，可以让员工养成自觉遵守的习惯，真正内化为工作中的应有状态。对检查中发现的问题要及时反馈，并要求相关人员进行整改。有了这一监督机制的存在，才能促进公司各级组织和全体员工对制度的服从和执行。

最后，更为关键的是要营造一种积极的氛围，让员工体会到制度执行的重要意义所在。通过不定期的沟通交流，让员工表达对现行制度中存在的问题与改进意见，管理者要倾听并在制度修订中予以采纳。这可以增强员工的主人翁意识，形成工作共识。只有让员工理解自身利益并与组织目标结合，才能维护良好的工作秩序，制度执行才不会流于形式。

将制度执行流程化、查核化、奖惩化

做企业就是做制度，好制度造就好人，坏制度导致坏人。而企业的执行力大多需要制度与流程来实现，所以，要提高企业的执行力，就应做到制度执行的流程化、查核化和奖惩化。

第一，制度执行的流程化

制度执行要真正达到管理目标，实现高效管控，就必须实现与业务流程的深度融合。这需要从制度设计开始，进行全过程的流程规划与管理。

在制定新制度时，管理者必须清晰理解业务流程的运作情况，并据此对相关制度内容进行精心设计，让管理问题变成制度流程书，操作问题变成作业标准书，技术问题变成作业指导书，从而使每个流程节点都有可对应的制度内容及要求。这样才能最大限度提高制度的可操作性，实现与流程的无缝对接，使制度在实施后更易于操作与指导，真正将制度内化于流程之中，发挥应有功能。

制度出台后，信息技术手段可以对执行过程进行更加精准的管理与监控，为员工提供清晰的操作指引与执行路径。同时流程系统也能对关键节点上"流程书、标准书、指导书"的执行达标情况进行监测，一旦出现偏差能及时发出预警，要求相关人员进行检查或整改。这可以便捷地将制度执行要素嵌入日常工作，实现管理的数字化。这是监督制度高质量执行的数字化手段，为发现问题并提出针对性改进措施提供了重要方法。这是实现管理持续改进与创新的重要手段，也是组织学习与提高的数字基础。管理者要及时更新制度内容，完善流程设计，使之更加科学与合理。

制度的流程化执行还需要以流程管理为载体开展培训与学习。在流程管理系统的辅助下，可以对工作程序及相关制度要求进行全面而系统的培训，这不仅可以弥补传统培训的不足，也可以使员工在后续实践中更容易理解与掌握培训内容。员工通过强化培训，能够更好地理解流程管理与制度遵循的重要意义，并自觉维护良好的工作秩序。这也是培养员工内化管理理念与规范意识的数字化路径。

第二，制度执行的查核化

制度执行需要相应的检查机制来监督和查核，否则制度难以真正落实。一个良好的检查机制应当独立于日常管理之外，由专门部门负责，并设计查验表。检查内容涵盖制度执行的全过程，不仅要关注最终结果，也要关注实施细节。

检查的频率应适度，最好在不影响工作效率的情况下，发挥监督作用，可以采取定期考核、随机抽查、重点检查等方式进行，也可以通过设置"红绿灯"的方式进行协助检查。检查要规范透明，事先通告，全程记录，并及时反馈。

要对检查的结果进行公布，对检查发现的问题进行处理，同时对后续结果进行考核。制度本身存在缺陷要修改，执行偏差要严肃问责并纠正，个人违规要给予相应惩罚。还应通过重新检查的方式发现新的问题，只有问题被及时发现和解决，制度才能真正地贯彻落实。只有通过频繁有效的检查，问题才容易被发现与解决，各项制度与政策才有被真正贯彻的可能，组织才能有效运转。

第三，制度执行的奖惩化

在制度执行中，奖惩措施的设置及实施是保障制度贯彻的重要手段之一。为实现奖惩合理化，首要任务是建立科学的奖惩标准。

奖惩标准应明确具体事项，避免理论性的空泛。要期望明确，如怎样评价先进和违规，什么行为会得到什么奖励或处罚。这样才能使员工明确什么样的行为会被鼓励，什么样的行为会被制止，并直接感受到奖惩效果及体验。

标准实施要一致公允，对相同贡献的应给予同等奖励，对同类违规要给予相称惩罚。奖励要及时发放，不能出现空头支票的情况。比如，即时奖罚，决不过夜；采取现金罚款制，不从工资里扣；罚要"胆战心惊"、奖要"感动泪流"等，通过多种方式，彰显公正，并产生震慑作用。

奖惩标准要重在事前。奖项设置要体现重要贡献和先进性，并与责任义务相匹配，让员工在行动前就要明确奖惩机会，自发地作出正确的选择。惩罚标准则要符合违规行为的严重程度，避免过轻或过重，奖励标准则要考虑长期可持续性，让员工对长期成长性抱有合理期待。奖惩标准需要参考组织发展方向和价值取向而定，并与岗位职责相对应。

奖惩标准的制定和实施需要高度透明。在谈及奖励和惩罚前，相关标准与细则应向员工充分公布。只有明确和公平地奖惩，员工才会向组织价值观看齐，才会促进制度贯彻和执行。所以，奖惩标准的科学性至关重要。

全员参与，坚持自上而下地推进制度的落实

制度的落实需要全员参与，坚持自上而下地不断推动。全员参与最重要的是领导者要提高对制度贯彻的认识，主动监督检查，查找不落实情况并进

行约谈，确保各级管理者带头贯彻。只有领导重视，下属才会跟进。

第一，领导者要提高制度执行能力

领导者提高制度执行能力是自上而下推进制度落实，实现全员参与制度落地实施的前提。为此，领导者必须树立更强烈的制度执行观念，首要的是意识的提高，理解制度执行在组织管控和发展中的重要性。

领导者还需要不断学习和培训，加深对各项制度的理解，掌握其中的要点精髓和实施细节。需要主动出击，定期组织检查，查找制度执行中的问题与偏差，并进行相应的监管或约谈。需要在日常管理中不断强调制度与责任，将制度执行情况作为工作考核的内容。在发现问题时要及时提醒和纠正，并定期对贡献突出的个人或部门给予表彰。这些行动都能推动全员形成制度执行常态。需要总结经验，对检讨出的问题进行研究，并完善制度。修订要注重可操作性，把握度量，避免过于理想化。

总之，领导者提高制度执行能力的关键在于态度与行动。只有意识到制度执行的重要性，并主动推进各项工作，才可能取得实效。强化学习、建立机制，以及带头贯彻，这些举措能快速提高领导者的执行能力，实现制度的有效管控与组织的稳健发展。

第二，自上而下推进制度落实的具体措施

自上而下推进制度落实应采取以下具体措施：

一要加强学习培训，使全员理解制度内容和要求。针对新制度，要组织专题培训，使全员理解制度含义和要求。要在学习中达成对制度重要性的共识，形成自觉遵守的态度。在工作中还要强化提醒，避免理解偏差，这需要各级管理者持续引导。

二要建立工作机制。要将制度执行情况与工作任务相结合，作为部门和个人绩效考核的内容。对关键性制度，要建立专门的检查机制来监督发展动

态，以使制度贯彻成为常态工作，进入每个人的意识和习惯，从而确保全员在行动中贯彻制度。

三要营造浓厚氛围，采取多种渠道进行宣传，不断强化制度理念，使理念内化于心。在执行过程中，各级管理者的作用发挥至关重要，一旦出现偏差，各级管理者要及时提醒和扶正，同时对贡献突出的个人和部门，给予表彰，营造出全面推动的氛围。

四制度不能停留在文件，需要在实践中不断检验和改进。要建立监测机制，定期检讨执行效果与缺失，并进行修订完善。修订要考虑可操作性，防止过于理想化。对于更新后的制度，需要再度组织学习，采取试点方式积累经验，再扩大范围。学习和试点可以最大限度消除理解偏差，提高制度的可接受性。

总之，自上而下地推动制度落地，需要管理体制的跟进与支持。公司领导者和各级管理者必须将制度贯彻视为自己的责任，用心组织和监督。只有领导者和各级管理者推动，全员参与，制度才能真正得以实施，发挥应有作用。

机制公、作风硬、文化强，才有制度执行力

任何公司都会强调制度建设在管理中的重要性，因而也会加强制度建设方面的力量。但制度制定后如何保证它的有效执行，如何将制度深入员工心中，是企业管理的一大难题。实践证明，合理的机制、硬朗的作风和强劲的文化，才是制度执行力的根本所在。

第一，制度执行，需要合理的机制

机制与执行力是并存的，一个科学合理的机制能最大限度地发挥制度的作用。机制是推动和保障制度落实的手段，没有机制，制度就难以真正被执行。所以机制建立不像制定制度，其更注重实践效果，需要管理层下大力气才能取得成效。

合理的机制涉及监督管理、问题发现、持续改进等方面。要建立必要的监督机制，定期全面系统地检查制度执行情况，包括监测各细节与环节，发现问题并进行处理。要建立畅通的、包括执行效果评估在内的反馈机制，各级员工发现的问题要能及时准确地反馈至决策层。要建立公平、及时并与制度执行挂钩且具有一定标准与流程的奖惩机制，它能根据贡献或违规行为进行奖惩。

机制合理与否，直接决定制度能否贯彻落实。管理者必须意识到这一点，并在机制建设上投入时间与精力。只有机制运行良好，制度才可能真正地执行，发挥应有作用，这是管理的关键所在。

第二，制度执行，需要硬朗的作风

硬朗的作风需要干部与员工共同努力。管理者带头执行公司的各项规章制度，自己先不做的事不让部属做，自己做不到的事不倡导部属做，以维护制度的约束力和公信力。对于下属员工，要让实干者得实惠、尝甜头，让不干实事者没市场、没地位。

管理者首要应树立强烈的责任意识，主动监督检查制度贯彻情况，对滞后的人或部门进行约谈，确保各级职员都意识到他们要负的责任。全员要增强学习与执行制度的自觉性，理解各项制度的重要意义，遵循相应要求。日常工作中也要不断提醒，防止偏差与变异出现。要将制度执行与工作任务相整合，作为绩效与考核的内容。对关键制度进行专项检查，形成常态化工作，保证全面落实。要建立监督机制，定期全面深入地考核制度执行效果，发现各层面问题，促进持续改进。要借助信息化手段助推制度落实，如定期推送工作提醒，在线监测违规情况，运用大数据分析执行效率等。

第三，制度执行，需要强劲的文化

制度落地执行的关键在于透过强劲的企业文化塑造和影响所有员工的行为，进而提升企业的执行力，而强劲的文化离不开氛围的影响与支撑。

内化责任意识与主人翁精神。各部门、各岗位的所有人必须理解制度遵循的重要性，自觉地把责任融入工作，这需要持续学习和强化。

树立严谨理性的思维方式。员工对待工作要严肃认真，理性客观。对制度执行要严格要求自己，在发现问题时及时提出，这需要培养员工的严谨态度。员工要有渠道向管理层反映制度执行过程中的问题或改进意见，渠道要畅通，意见要能准确传达。

建立健全表彰奖励机制。对贡献突出的员工或部门进行表彰，这能体现组织价值，激励全员上进。表彰要公平公正，与工作任务和制度执行挂钩。

定期开展活动，进一步凝聚共识，如举办制度学习月，开展经验交流会，邀请专家进行工作报告等。这些措施能不断强化企业理念，优化企业文化内涵。

通过"积分制"管理，增强企业制度的执行力

积分制管理就是采用积分奖扣的形式对员工的工作能力和综合表现进行全方位的量化考核，并用积分软件的形式记录，做到积分永不清零，长期使用。积分制管理的特点就是它可与其他管理方法相兼容，不需要修改原有的规章制度。运用积分制管理，可以将奖扣分导入企业管理的全流程中，在制定制度的同时制定奖扣标准，这样才能保证制度在企业得到落实。

第一，在制度中制定奖扣分标准的目标和原则

要在制度中制定奖扣分标准，最重要的是要明确目标和原则。目标是鼓励积极行为，遏制消极行为，引导参与者按预定方向发展。原则包括公平、透明、可操作性等。

根据目标和原则，界定奖扣分的行为标准，这需要根据实际情况列出鼓励或遏制的具体行为，并给出明确定义，定义要尽量避免模棱两可，

奖扣分要与行为标准相匹配。积极行为给予适度奖励，消极行为给予必要惩罚。奖扣分设定要体现区分原则，相同行为可由轻到重给出不同奖扣分。同时要考虑实际操作的难易程度，避免奖扣分要求过高或过低而失去激励作用。

第二，在制度中制定奖扣分标准的具体操作步骤

在制定奖扣分标准时，可以按以下具体步骤操作：

第一步：收集信息，设置分值或等级区间。了解奖扣分标准涉及的行为

类型及现状，参考其他制度中的奖扣分设置，收集相关参与者和专家的意见与建议。这些信息有助于制定切实可行的标准。在收集信息的基础上，根据目标和原则合理设置分值或等级区间，让奖扣分能够区分不同程度的行为。设置时可参考相关制度的实例，如分五到十个级别，每个级别对应相应的分值区间，并结合实际情况进行调整。

第二步：明确行为标准，匹配奖扣分。列出具体的鼓励或遏制的行为，给出清晰定义，定义要包括行为要素、频率和强度等。这一步很关键，要尽量避免纠结或主观判断。然后，根据行为标准将奖扣分分配到各级。积极行为对应奖励，消极行为对应惩罚。同级别内可细分等级，体现轻重缓急。

第三步：试运行与修订。实施后要收集反馈，评估实际效果，看是否达到预期目标。然后根据需要调整行为标准、奖扣分设置及分值等级，不断优化直至制度成熟。

强化制度执行，责任、表率、教育、反馈一个不能少

制度要走出纸面，融入每个人的思想和行动中，这需要系统地工作和管理，要不断推进、监督和改进。在这个过程中，明确责任，领导层主导和表率，加强教育培训，建立反馈机制，这几方面缺一不可。

第一，明确各岗位执行制度的责任

要明确各级管理者和相关部门在制度执行中的责任，特别是在监督检查、问题反馈和处置上的责任。每个员工更要明确本职岗位必须遵循哪些制度，明确违反这些制度将要承担的责任和后果。明晰责任才能发挥应有作

用，不致出现缺位或责任不清的情况。

第二，领导层的主导和表率作用

领导层要在制度执行的过程中起到主导和表率作用，强化其责任感、使命感。通过自身行动示范表率，带头贯彻执行各项制度要求，这能够体现出执行的决心和氛围。

第三，通过教育确保全员真正掌握制度

通过集中培训、日常教育等多种形式，让员工深入理解制度的重要性、各项要求的内涵以及责任义务。要确保员工了解企业制定的共性制度，自觉遵守；确保员工熟知本岗位工作相关的制度，规范执行；确保员工精通本岗位制度，严格操作。总之要让制度内容达到员工的认知层面和行动层面，成为员工的工作习惯。

第四，建立制度执行反馈机制

制度实施后要收集各方反馈意见，包括员工和管理者在内的各类反馈，如理解实际操作中存在的问题、执行的效果、还需加强的地方等。这些反馈信息可以帮助完善制度、修订标准和弥补执行中的不足。反馈机制下，要建立相应的监督检查和问题报告机制，一旦出现违反制度要求的行为，需要根据违反严重程度采取相应处罚或纠正措施。

第四章 制度监督与考核：监督考核制度执行，企业才能行稳致远

制度一旦制定，一定要按制度开展各项工作，不允许违反制度。制度面前人人平等，没有人有特权，也不许任何人凌驾于制度之上。为此，需要加强制度执行情况的监督与考核，包括加强对制度执行情况的重视程度与监督力度，对员工计划的执行情况进行监督，组织开展制度执行情况的现场督查与非定期抽查，考核制度执行情况，对员工的制度执行结果进行考核与反馈等。只有通过这些举措，企业才能行稳致远。

加强对制度执行情况的重视程度与监督力度

加强对制度执行情况的重视和监督，需要从多角度入手，形成齐抓共管的格局，才能真正做到实行有力、效果显著。

第一，加强对制度执行情况的重视程度

重视是监督管理的前提，也是保证制度不流于形式的基石。通过多渠道、多手段地表达和践行重视，才能使制度的执行管理取得实效。

高层领导重视才能带动全员重视，领导要高度重视制度执行，要通过明

确表态和切实行动来体现。可以在重要会议或文件中表达出对制度遵守和执行的高度重视，要求各级管理者和员工必须全面贯彻执行。同时领导要定期研究监督报告，查阅执行情况，研究存在的问题和解决办法，这些行为本身就能展示出高度重视。

除领导重视外，还需要指定专职部门或人员专门负责监督执行情况。可以设立制度监督员，或让人力资源部门定期开展监督，对各单位和个人执行情况进行检查，并书面报告领导。指定专人长期负责，可以发现问题并及时提出处理意见，这也体现出对执行情况的高度重视。

不仅要增加监督频次，还要开展多种形式的监督，定期汇报、不定期抽查等，这可以加大监督广度和深度，更好地了解执行情况和存在问题，及时完善制度和解决问题。若只靠定期年度检查，则很难充分发挥监督作用和树立重视态度。

还要将制度执行考核纳入部门和个人绩效考核，这可以使大家在实际行动中切实感受到制度执行的重要性和严肃性。一旦出现问题要追究相关责任人和部门的责任，起到警示作用。绩效考核的手段，是有力彰显重视态度的方式之一。

第二，加强对制度执行情况的监督力度

为加强对制度执行情况的监督力度，有几方面工作需要做好。首先要做的就是加大人力和资金投入，这是监督机构监督制度执行的有力保障。可以考虑在政府内部或社会组织中设置专门的监督机构，负责收集各方面制度执行情况的监测信息，并可以开展不定期的专项检查，要全面掌握制度执行的实际情况。这类监督机构要有较高的权威性和独立性。设立了监督机构，就要确保监督机构有足够的人力和资金保障，特别要投入培训和引进高素质监督检查人才；同时，要投入建立信息化监督平台和数据库，采用大数据手

段，不断提高监督效能。

定期开展监督检查是加强监督力度的关键一步。各级监督部门要制定具体的监督检查计划，密切跟踪重点领域和关键环节的制度执行情况，定期对责任单位进行监督检查，发现存在的问题要及时提出纠正，并跟踪改进情况。

加大问责力度也至关重要。对于监督检查中发现的制度执行不力或违反制度的行为，要及时进行问责，情节严重的要严肃处理。只有加大问责力度，才能真正促进各单位严格遵守和执行相关制度。问责的同时，也要进行原因分析，及时修订和完善相关制度。

除上述措施之外，公司各个部门要积极响应社会监督，广泛吸收社会各界对制度执行情况的监督意见和建议。可以通过举办公众听证会、座谈会，开通监督投诉热线等多种方式来听取各方面意见，并对合理意见及时回应和整改。

对员工计划的执行情况进行监督

要在制度执行中监督员工计划执行情况，关键在于定期跟进和反馈。这需要建立责任制和工作计划、定期跟进员工的工作进度、建立健全的监督机制，以及实时给予员工反馈等。

第一，对员工计划执行情况定期跟进

对员工计划执行情况定期跟进，要建立清晰的责任制和工作计划。将制度执行任务分解到每个员工和部门，制定具体的目标和时间表，确保每位员

工都清楚自己的任务和进度，这能最大限度地避免执行过程中的推诿。

为确保员工计划的有效执行，要定期跟进员工的工作进度。主管不应该是一个闲杂权威，而应该深入一线，持续定期跟进每位员工的工作进展。既要对工作进度给予满意的反馈，也要及时发现问题并积极解决。如果某项工作出现严重滞后的状况，也能及时采取相应措施进行干预。

还要建立健全的监督机制。不仅主管要监督员工，同事之间也可以通过互相监督来确保工作进程。在执行过程中建议让相关部门定期对工作进度进行汇报，并在汇报过程中提出工作中遇到的问题，一并讨论解决方案。这不仅可以公开工作进度，也可以加强部门之间的配合。

第二，对员工计划执行情况建立反馈机制

在制度执行过程中，建立有效的反馈机制对于监督员工计划执行情况至关重要。对工作进度给予的正面反馈，能够激励员工的工作热情；而对问题的反馈，能帮助及时解决问题，这有利于工作的深入开展。定期的反馈也能让员工知道主管对其工作的关注，从心理上获得认可感。可以通过管理者与员工之间定期深入的反馈，员工之间相互的监督反馈，以及管理者与员工定期一对一的交流，共同构建制度执行过程中的反馈机制。

管理者需要定期深入一线，跟进每名员工的工作进度。对工作进展状况给予满意的正面反馈，这能激励员工的工作热情，让他们知道自己的工作得到了管理者的认可。如果发现某些工作出现问题或严重滞后，管理者也应及时给予员工问题反馈，共同讨论解决方案，确保工作进程不会出现偏差。

除管理者与员工之间的反馈外，员工之间也应建立互相监督和反馈机制。员工之间的反馈可能会发现管理者未必能注意的细节问题。相关部门可以定期对重要工作进程进行汇报，不仅可以公开工作进度，也可以在汇报过程中提出工作中遇到的问题，促进部门间的配合。

反馈不仅包括工作内容方面的进展与问题，也包括员工在工作中的感受和体会。管理者应定期与员工进行一对一的交流，了解员工对当前工作的看法、工作中遇到的障碍以及对工作的建议。这不仅可以深入了解员工的思想动态，也可以从另一个角度检视工作，有利于管理者更全面、更透彻地监督工作进展。

组织开展制度执行情况的现场督查与非定期抽查

现场督查和非定期抽查是监督组织制度执行情况的重要手段。通过现场督查和非定期抽查，管理者能深入掌握第一手资料，检验制度执行的真实情况。在实施过程中，要与员工建立面对面的沟通，发现问题共同解决，唤起员工的工作主动性和责任感，最终达成管理者与被管理者的共识与合作，这应是现场督查与抽查的出发点和落脚点。

第一，组织开展制度执行情况的现场督查

现场督查是监督制度执行最直接有效的手段之一，管理者应定期实施。不过首先要明确的是，现场督查要抱支持和帮助的态度，管理者要与员工充分沟通，发现问题后要及时提出整改要求，并定期跟进整改情况。现场督查既能使管理者真实了解工作进展，也能唤起员工的工作责任感，最终达成管理者与员工的合作，推动制度有效实施。

管理者应亲自深入工作现场，实地察看员工的工作状况和执行进度。通过亲眼所见，可以掌握真实的工作进展情况，发现平日管理未注意到的细节问题，完善管理制度和流程。现场督查还可以检验员工执行制度的真实态度，发现其存在的疑虑或误解，与员工当场沟通交流。

在组织现场督查前，管理者应对检查内容和监督重点进行全面部署，需要检查的工作任务和流程应提前通知员工。现场检查时要抱着了解和支持的态度，避免过于严厉，影响员工工作热情与信任感。

现场督查过程中，管理者应深入工作场所和员工岗位，详细了解工作进行的各个环节，与员工现场交流，询问其对工作和制度的理解与执行情况。对发现的问题要及时提出，与员工一并查找原因和解决方法。若工作任务严重滞后，应当场确定改进措施，加强管理和支持。

现场督查结束后，管理者应及时与员工进行反馈与沟通。对工作进展表现满意的给予正面评价；对存在问题的则共同研究整改方案，落实责任人和时间表，确保问题得到解决。随后应定期跟进整改情况，确保整改工作取得实效。

第二，组织开展制度执行情况的非定期抽查

非定期抽查是制度执行监督的突击手段，管理者应谨慎运用，避免采用过分频繁或严厉的手段。管理者应明确抽查目的，保持理解和支持的态度，发现问题后须及时提出改进要求并跟进整改情况。只有在管理者与员工的互相尊重与信任下，非定期抽查才会发挥应有的作用。

非定期抽查可以在员工意想不到的时间，对重要工作任务进行突击检查。这能真实掌握员工在管理者视线以外的工作状态，发现员工是否会在无人监督时擅离职守，确保工作保持在高效与规范的状态。同时，非定期抽查也具有一定的惩戒作用，可以敦促员工时刻遵守工作职责。

在抽查过程中，要保持低调和温和的态度，避免过于严厉的批评和指责。检查工作情况和进展后，要及时与相关员工进行沟通，说明抽查的目的在于帮助员工，理顺工作思路，而非惩罚，如发现员工确实存在违规、擅离职守的行为，管理者应私下与其严肃交代，说明该行为的不妥与危害，并确定改进措施。在提出明确的整改要求后，应定期跟进整改情况，确保员工能够专注于工作，切实履行职责。

考核制度执行情况，需要过程正义与结果导向

考核制度执行情况，既需要注重过程也需要关注结果。过程管理注重工作内容的开展与流程，考核员工是否严格按照制定的流程和标准开展工作；结果导向侧重工作的最终效果与目标。过程管理和结果导向，两者结合，制度执行考核方能"淋漓尽致"，发挥巨大功效。管理者应谨记考核的全面性与系统性，促进员工在工作过程中兢兢业业，最终达成预期工作成效。

第一，考核制度执行情况需要过程正义

考核的过程正义可以理解为"程序正义"，即"看得见的正义"。这源于一句法律格言：正义不仅应得到实现，而且要以人们看得见的方式加以实现。这意味着一个法律案件不仅需要得到正确、公正的判决，完全符合实体法的规定和精神，还需要让人感受到判决过程的公平和理性。具体到制度执行情况的考核，就是应本着公正和公平的原则，要体现程序应有的"正义"二字。

首先，工作目标和考核标准的制定要客观公正。管理者应根据工作性质和难易度确定工作目标，并把握工作完成的关键节点与重点，制定全面而翔实的考核标准。这既要考虑到工作本身的要求，也要兼顾员工的实际工作能力，目标不应过于苛刻或宽松。

其次，工作过程的监督与反馈应及时准确。管理者应定期深入工作现场，了解工作开展的真实情况。对工作进展或表现良好的要给予正面反馈；如果发现问题应及时提出，并共同研究整改方案。监督与反馈要真实一致，不偏不倚。

再次，结果评价要全面客观。管理者不应过于注重某一个方面或某一环节，需要综合考量工作的各个内容与过程。工作成效的评价不应受个人偏好的影响，需要根据事实和数据进行判断，如工作存在不足，也应考虑员工的实际努力程度，给予适当的体谅与帮助。

最后，考核结果应公开透明。考核结果应向相关员工公布，并进行必要的解释。员工如果对考核结果存在异议，管理者应慎重考虑，并作出公正的判断。考核程序和结果的公开，有利于管理者全面检查自己在考核中的公正性，也能增加员工对考核结果的认可度。

第二，考核制度执行情况需要注重结果导向

考核制度执行情况需要注重结果导向，结果导向能使员工明确工作方向，注重工作实效。管理者也可根据工作结果直接判断员工对制度执行的成效，采取针对性的管理措施，实现组织目标的达成。

首先，在工作开始前要明确工作的预期目标和结果。管理者要根据工作性质和难易程度制定翔实可量化的工作目标，说明期望工作最终能达到的具体成果或效益。目标的制定应兼顾工作要求与员工实际能力，不宜过于苛刻。

其次，在工作过程中要定期检测工作进度与效果。管理者应深入工作现场，与员工面对面地了解工作开展的实际情况，检验工作是否在按预期的进度和方向发展，要及时发现问题并研究解决方案，这可以确保工作不会偏离预定目标。

再次，在工作结束后要对最终成效进行考评。考评需要根据工作开始前制定的目标与标准进行判断，看工作的最终结果是否达标或超标。考评要全面考量工作的各个方面，不偏不倚。工作成效的评价应根据客观数据和成果进行，要不受个人喜好影响。

最后，要根据结果评价的高低确定员工的奖惩或发展方向。工作超额完成且成效显著的，要给予相应的奖励；工作成效一般或不理想的，除了指出不足，也要考虑员工的实际工作能力和努力程度，采取适当的培训或调整工作内容等帮助措施。

对员工的制度执行结果进行考核与反馈

考核员工的制度执行情况，需要全面、客观的判断和及时准确的反馈。考核与后续措施要匹配，并在持续的过程管理下开展，同时要注意加强管理者与员工的沟通，以便提高考核的准确性，使员工感到考核的公平，从而发挥考核的正向作用，推动制度执行。

第一，对员工的制度执行结果进行考核与反馈的基本原则

对员工的制度执行情况进行考核与反馈，应遵循以下原则：

一是考核要全面客观。考核应从工作内容、工作态度、工作成效等多个角度进行评价。考核不能过于注重某一个方面，应根据工作实际情况综合判断。考核结果应基于事实和数据，要不受个人偏好影响。如果工作存在不足，也应考虑员工的实际努力程度，给予体谅和帮助。

二是反馈要及时准确。无论考核结果如何，管理者都应及时向员工进行反馈。对工作进展和表现良好的，应给予正面反馈和鼓励；如果工作存在问题，应明确提出，并共同研究改进措施。反馈应真实准确，让员工清晰自己的表现和需要改进的地方。

三是结果与奖惩要匹配。考核结果应与后续的奖惩或发展措施相匹配。工作完成优异且成效显著的，应给予相应的奖励；工作成效一般的，除指出不足，也应采取培训、督导等帮助措施。考核与奖惩匹配，能使员工感受到公平，有利于提高工作积极性。

四是过程管理要持续。考核反映的只是某一个时间段内的工作情况，管理者仍需持续跟进员工的工作进程，发现问题并及时提出，确保工作深入开展。持续过程管理还能减少考核的失真和盲点，促进更客观全面地评价。

五是要加强沟通。管理者应加强与员工的沟通交流，让员工理解考核标准和依据。员工如果对考核结果有异议，管理者也应慎重考虑，在双方沟通的基础上作出公正判断。充分沟通可以增加员工对考核的认可度，避免出现误解。

第二，对员工的制度执行结果进行考核与反馈的途径和方法

对员工的制度执行情况进行考核与反馈，管理者可以通过多种途径与方法。

管理者应定期面对面与员工沟通，了解员工对工作与制度执行的体会和看法。通过深入交流，可以发现员工在工作中遇到的困难或问题，也可以判断员工对工作和制度的理解程度。面对面沟通还可以直接答疑解惑，避免出现误解，增加员工对考核的信任。

工作结束后，管理者应组织员工进行工作总结与汇报。汇报不仅可以检查工作成果，也可以了解工作过程中员工的工作表现和态度。管理者应在汇报会上提出自己的评价与反馈，并征询其他与会人员的意见，形成更加全面准确的判断。

管理者还可以定期查阅员工的工作日志或报告，检查工作任务的进展与完成情况。工作日志能够真实反映员工的工作状况，也是管理者理解员工工作表现的重要依据之一。这种非面对面的考核方法更具客观性，可以发现管理者在面对面交流中未必注意的细节。

在特定时间节点，管理者也可针对员工的工作情况进行小范围的问卷调查。问卷调查可以广泛征集与员工工作相关人员的意见，对员工的工作表现与态度形成全方位的评价。但调查问题的设计应翔实客观，避免出现过于主观和片面的现象。

通过面对面沟通、工作汇报、工作日志检查以及问卷调查等多种方式，管理者可以全面了解员工的工作情况和制度执行状况。这些宽泛的信息获取手段和反馈途径，使管理者不会过于依赖某一个考核方法，可以真实检验员工的工作与制度执行情况，作出较为准确的判断与反馈。多管齐下的考核机制也增强了考核的权威性，能使员工充分感受到管理者的关注，以更主动和标准的态度实施制度。

下篇

流程管事

第五章 流程逻辑：打造简洁高效的企业流程

流程逻辑集中体现在系统和详尽的流程规划上，流程规划是对业务全貌的理解，环环相扣的流程设计，以及系统的规章制度建立，都需要一个良好的逻辑。科学的流程规划，使各个工作环节紧密衔接，有序推进，实现组织目标，也是管理者发挥作用的一个重要方面。为此，本章讨论了流程规划的前提、内容、阶段、步骤、方法等。透过这些内容，可以反映出流程规划作为战略桥梁和纽带的作用。这不仅体现了流程规划的逻辑性，也是管理者发挥作用的重要体现。此外，本章还分析了企业流程规划必须避开的误区，以期将相关问题正本清源，导向正途。

流程规划的前提：理解流程目的、确定现实需求、精简调动资源

流程规划之前必须明确流程要达成的目标，深入分析业务现实需求，并在现有资源范围内进行设计。明确的目标可以给流程设计一个清晰的方向，现实需求的判断使流程设计更加贴近实际，资源状况的考虑使流程设计操作性更强，这三个方面构成了流程规划的基本前提。

第一，流程规划的前提是理解流程目的

流程规划必须基于清晰的目的和定位，目标的明确可以指导流程设计的方向，也为流程执行提供参照，这是进行流程规划的基本前提。

流程目的的确定应与公司发展战略相符合，这需要流程规划者理解公司的使命与愿景，分析支撑实现这一战略的关键业务和核心竞争力。流程规划所要达成的目标，要求规划者必须对这些关键业务和竞争力作出贡献与支撑，如果流程目的与公司战略不匹配，最终不仅会难以发挥实质作用，还会分散公司的资源，影响整体目标的实现。

流程目的的确定还需要考虑客户需求与市场环境，规划者要深入分析业务所面临的机遇和挑战，理解客户的诉求与期待。要采取多种方式，如市场调研、客户访谈等，全面评估外部环境，确定实现流程目标必须要达到的客户服务水平和业务标准。环境变化速度的加快要求流程目的不能过于理想化，需要将不确定性因素考虑在内。

在明确外部环境的基础上，还需评估内部资源状况与运营情况，规划者要分析人力、财力、技术等资源的状况，理解资源在流程各环节的动态配置与使用。资源状况的判断应与流程目的相匹配，避免在资源有限的情况下定下过于宏大的目标。资源约束往往需要在流程目标设定上作出必要折中与优化。

与战略相符、市场导向且资源匹配的目标设定，是进行流程规划的基础，也是规划者发挥规划作用的体现。明晰的流程目的可以确保最终的流程设计贴近实际，并发挥实质作用，为公司整体发展提供有力支撑，为流程最终达成预期目标夯实基础。

第二，流程规划的前提是确定现实需求

流程规划需要准确把握现实需求，现实需求的判断应考虑到客户诉求、

竞争状况以及内外环境等因素。对现实需求的准确把握，是设计高效流程的基础。

以客户为中心，需要规划者采取各种方式深入理解客户的需求与期望，这包括市场调研、客户访谈、销售数据分析等。客户需求是设定流程目标并最终达成目标的基石，规划者必须站在客户角度，判断业务必须提供的产品或服务，如果无法准确把握客户需求，流程设计容易流于形式，难以发挥实质作用。

现实需求的判断还需要考量市场环境与竞争态势。规划者必须监测相关行业的发展趋势，跟踪竞争对手的动态。市场需求的变化或竞争加剧，都可能影响业务运作方式和流程设计，因此要在流程规划时评估各种环境因素，设定符合市场变化的现实需求，使流程设计具备前瞻性。

除市场环境外，现实需求的判断还需考虑内部资源与运营情况。规划者必须清晰评估人员能力、技术水平以及资金状况等，判断在现有资源下可以承担的工作量和任务难度，并在资源限制下作出优化。

第三，流程规划的前提是精简调动资源

流程规划必须在现有资源范围内进行，资源的精简与集中可以避免在流程设计中过于追求理想，需要将有限资源投入到最关键的环节与岗位。合理的资源判断与配置能为流程设计的科学性与实际操作性提供有力保障，这同样是流程规划的重要前提。

规划者首先需要分析公司现有的人力资源，包括员工数量、技能结构以及工作经验等。要对不同部门和岗位的人员情况进行调研与评估，了解人力资源的备选余地与潜在不足。人力资源的状况直接影响流程设计的复杂、难易程度，因此要在流程规划时对关键岗位和技能进行优先考虑。

规划者还需评估公司的财务状况，厘清资金的来源与用途。财务资源的限制会对流程投入产生直接影响，规划者必须在资金有限的条件下进行资源配置，确保资金的有效利用与重点投入。技术资源同样需要管理者审视，判断现有技术对流程设计的支撑能力。

除具体资源外，规划者还需考虑资源在流程各环节的动态运用。不同的流程环节对资源的消耗与依赖程度不同，规划者需要在流程设计中合理配置资源，避免资源的过度消耗或闲置。资源在流程运转中的平衡配置，需要规划者对业务与资源有深入理解，这也是进行流程规划的前提。

流程规划内容：未来目标、实施路径、资源需求、整体评估

流程规划的内容通常包括未来目标的设定、实施路径的制定、资源需求的判断与整体评估等几个方面。流程规划是否全面与详尽，直接决定其实施效果。规划者应在深入分析与论证的基础上制定流程方案与路径，并对各个环节进行细致考量，建立评估机制，以确保流程不断优化，满足企业发展要求。全面的内容设计也能使各级员工拥有清晰依据，各部门拥有明确方向，为实现组织目标提供系统与科学的运转机制。

第一，流程规划内容之未来目标

流程规划首先需要明确未来要达成的目标。规划者需要根据公司战略与发展定位，结合市场环境与客户需求，设定流程在未来一定时期内要实现的产出或服务水平。

未来目标的设定必须与公司使命和愿景相符。规划者需要理解组织战略

中提出的关键业务与核心竞争力，设定有助于实现这些业务和竞争力的流程目标。如果流程目标与公司战略不匹配，不仅难以实质推动业务发展，还会分散企业资源，影响公司全局目标的实现。

未来目标的设定还需考量客户需求与行业趋势。规划者需要通过市场调研、客户访谈等方式深入理解客户的诉求，跟踪行业及竞争环境的变化趋势。客户需求和市场变化都可能影响业务模式与内容，规划者需在目标设定时对这些因素作出考量与判断，使流程目标不致脱离市场实际。

目标设定还需要在资源约束下进行。规划者需评估人力、技术、资金等资源状况，在资源有限的条件下设定可实现的目标阶段与水平。资源状况的考量可以使流程目标更具操作性，资源的限制也需要规划者在目标设定上作出必要的取舍与折中。

第二，流程规划内容之实施路径

流程规划需确定实施路径。规划者需要设计高效的业务流程，规定各部门和岗位需要开展的主要活动。

要推演实现流程目标所必须完成的各项任务，判断每项任务的工作量与难易程度，然后合理设置各个工作环节。环环相扣的设计能使工作有序进行，这需要规划者对业务与任务有较深刻的理解，能够清晰判断任务之间的逻辑关联。

要评估每一环节所需要的资源，如人员配备、技术支撑等，并在资源有限的条件下进行优化配置。合理的资源配置可以避免资源的过度消耗或闲置。路径设计需要设置相应的控制点，以保证工作质量和进度。

从宏观的角度看，规划者需要找到各个工作环节之间的衔接方式，形成串联各部门与岗位的业务流程；从微观的角度看，规划者需考虑各个环节内部的工作顺序与连贯逻辑。系统完备的路径设计有助于资源的有效利用和工作的有序开展。

要考虑环境变化对工作内容的影响，在路径设计中提前预留一定余地与调整空间。这需要规划者具有敏锐的洞察力，能够发现工作中存在的不确定因素，在路径设计上采取切实可行的措施，使业务流程保持灵活。

第三，流程规划之资源需求

流程规划需要判断所需资源需求。规划者需评估人力、技术、资金等资源，确定实现流程目标和路径所需要的资源配置。

资源需求的判断首先需要对流程各环节的工作任务进行详细分析。规划者需要明确每一个工作环节所需要完成的任务，判断每项任务所消耗的资源类型与数量。这需要规划者对业务流程有清晰而全面的理解，要能够准确判断每一工作任务的难易程度与工作量。

要考虑资源在流程中的动态运用。不同的工作环节对资源的依赖程度存在差异，规划者需在流程各阶段进行切实可行的资源配置，避免资源的过度使用或闲置。这需要规划者能够从宏观的角度把握资源在流程运转中的消耗与运用情况，并进行必要的调配与补充。

资源需求的判断必须在公司现有资源范围内进行。规划者需清晰评估公司的资源状况，包括人员结构与能力、技术水平及资金状况等。资源有限就要求规划者能在复杂环境下进行资源配置与调配，实现资源的有效利用与重点投入。这考验规划者在资源优化配置上的决策技巧。

要考虑到环境变化所带来的影响。规划者需要评估行业发展趋势和市场需求的变化，及时发现对流程资源配置产生重大影响的因素。这需要规划者具有前瞻眼光，能够准确判断因环境变化导致的资源需求变化，并在资源需求判断上作出必要调整，确保流程实施的连续性。

第四，流程规划内容之整体评估

流程规划需要进行整体评估。规划者需要在流程实施后，对流程的各个环节进行检验，判断资源与产出是否与目标相符合。

规划者可以设定流程实施的关键业绩指标，如成本、质量、进度等，定期检测各项指标的完成情况并与目标进行对比。量化评估可以让规划者准确判断流程实施的效果，找出存在的差距与不足。

需采访相关员工，收集他们对流程实施情况的反馈与意见。质量分析可以发现一些量化指标难以反映的问题，如资源配置的适宜性、工作连贯性的体现程度等。这需要规划者具有敏锐的洞察力，能够在各种信息中准确地把握流程实施过程中存在的深层问题。

规划者不能仅在流程实施结束后进行一次评估，而需在流程实施的各个阶段建立评估机制。持续评估可以让规划者及时发现存在的问题，并采取相应措施进行调整，这有助于确保流程实施的连贯性与顺利进行。

要在评估结果的基础上对流程实施情况作出全面判断，找出存在的不足与可改进空间。这可为流程设计的修订与改进提供依据，要求规划者能够从多角度分析评估结果，作出正确而前瞻的判断。

流程规划阶段：建设体系、完善体系、流程化持续运营、反馈优化体系

流程规划大致可以分为四个阶段：建设体系、完善体系、流程化持续运营和反馈优化体系。这是一个循环迭代的过程，规划者应在每一阶段进行详

尽设计，对关键细节采取严密把控，并建立长效机制，使流程规划成为一项持续过程，在实践中不断提高与完善。

第一，流程规划阶段之建设体系

建设标准化的流程体系是进行流程规划的基础，科学合理的流程体系能为后续的流程设计与实施提供基本框架，需要规划者对业务范围与流程有清晰而全面的理解，并在研究与总结的基础上进行构思与设计。

首先，需要划分业务范围。要根据公司业务定位与战略规划，将公司业务划分为相对独立的业务域或业务流程。业务范围的划分应以业务链为主线，使各业务流程之间保持密切关联。这需要规划者具有宏观的眼光，能够在整体层面理解公司业务的框架结构。

其次，在业务范围划分的基础上，要对各业务域内的工作流转进行再分解，找到业务实现的主要流程。识别的业务流程应具有一定的完整性，能够对业务实现的主要环节作出覆盖。这需要规划者对业务细节有深入理解，能够厘清各项任务之间的逻辑关系。

再次，在识别的业务流程基础上，确定各流程之间的连贯路径，形成从上游到下游的业务流程网络。流程路线图的制定需要考虑到流程之间的依赖关系，要让上下游流程能够保持同步运转。这需要规划者具有系统思维，能够在多个业务流程之间找到关联点与衔接方式。

最后，根据流程路线图确定各业务流程的边界与内容，制定标准的流程模板，包括流程图、作业指导等。这有助于各业务流程在后续设计与实施中保持一致。这需要规划者具有规范意识，能够理解流程标准的重要意义。

流程体系的建设与完善是规划者在流程规划中发挥关键作用的体现。规划者应在全面调研的基础上，对公司业务与运行机制有深刻理解，尽可能发现业务流转的规律，并制定实施可行的流程方案。持续优化的意识可以帮助规划者建立完善的流程体系，为流程管理与业务发展提供基础保障。

第二，流程规划阶段之完善体系

完善流程体系是在流程框架的基础上对各业务流程进行详细设计。详尽的设计能够使流程在后续实施中高效而稳定地运行，这需要规划者在每个细节上下足功夫，要对关键要素进行严密把控。

首先要明确每个流程环节的工作内容。根据流程体系中确定的业务流程，对每个流程环节需要完成的具体任务进行设计，包括任务名称、要素、时间节点等。工作内容的明确有助于各部门和岗位开展流程实施。这需要规划者对业务流程有详尽的了解，能够准确地设计每个环节所包含的任务。

要设定每一工作环节的工作人员与职责。根据每个流程环节的工作内容判断所需要的人员类型与职能，明确每一工作人员在流程实施中的主要职责。这可以确保各项工作有明确责任人，避免在实践中出现人员配置的失衡或职责的重复。这需要规划者能够准确判断任务难易程度与工作量，设定合理的人员配置方案。

要对资源进行配置与控制。根据流程实施的总体工作量判断所需要的资金、设备、技术等资源，在公司资源范围内进行优化配置。资源配置需要兼顾控制成本与工作效果，应设置相应的控制点与申报机制。这需要规划者具有资源优化运用的能力，能够在成本控制的前提下进行资源配置。

要设定关键业绩指标与评估机制。根据流程实施的目标设定相应的量化指标，用于判断流程实施的成果与效果。这需要规划者具有目标分解与量化的能力，能够将流程目标转化为可衡量的关键业绩指标。在指标设定的同时，也需要建立定期的评估机制，以持续监测流程实施的效果。

第三，流程规划阶段之流程化持续运营

实现流程化持续运营需要规划者在组织实施的基础上进行监督与修订。

这需要规划者具备计划推进、项目管理与问题解决的能力，要能推动各部门高效实施流程方案，并在实施过程中对关键要素进行控制，及时发现问题并进行修订完善。只有在持续监督与修订的基础上，规划者才能确保流程高效而稳定地运行，满足业务发展要求。这也考验规划者在流程全局管理与运用上的水平。

实现流程化持续运营首先要将流程方案下达到各部门与岗位。对各级员工进行培训，使他们全面理解各业务流程的具体设计，并明确个人在流程实施中的主要任务与责任。这需要规划者具有一定的沟通与培训能力，能够使流程理念和具体设计被员工有效理解。

要组织各部门与岗位开展流程实施。在下达流程方案的基础上，督促与指导各部门按照方案要求开展工作，并提供必要的协调与支持。这需要规划者有计划推进与项目管理的能力，要能够对流程实施的进度和质量进行把控。

要建立流程执行情况的监督机制。定期检验流程实施的进度是否达标，遇到的问题是否解决，资源是否到位等。这需要建立量化的评估体系，通过数据采集与分析判断流程执行的实际效果。这需要规划者具有控制与检查的能力，能够在关键节点准确获取实施情况，并及时作出判断与修订。

要在监督的基础上不断对流程方案进行修订与改进。要汇总监督过程中的各种反馈信息，找出流程设计与实施中存在的差异与不足，并制定相应的改进措施。这需要规划者具有问题分析与解决的能力，要能够在复杂环境下对问题进行定性诊断，并作出正确的决策。

第四，流程规划阶段之反馈优化体系

反馈完善体系的制定需要规划者具有收集信息与分析问题的能力，要能够在复杂变化的环境下准确判断流程实施的效果，找出管理与技术层面的问题，并提出系统与前瞻的解决方案，实现流程规划的持续优化。这将对规划者在改进创新与持续提高的能力提出要求。

要反馈优化体系首先要汇总流程实施各阶段的反馈信息，包括流程设计时各部门的意见，流程实施过程中的监督评估报告，关键业绩指标的考核结果等。规划者需要在多个维度收集与分析这些信息，准确判断流程实施在内容、程序、资源等各个方面的实际效果。这需要规划者具有信息收集与分析的能力，要能够在海量信息中准确把握关键因素。

在信息分析的基础上要对流程体系的合理性与科学性进行检讨。这需要规划者在整体层面判断流程实施是否实现了预期目标，以及存在的差距与不足。这需要规划者有战略高度，能够在总体上把握流程管理的方向与效果。检讨的结果为流程体系的进一步完善提供参考依据。

在信息汇总与流程体系检讨的基础上，对各业务流程在设计与实施中的问题进行定性分析，并制定针对性的修订方案。修订内容可以包括优化流程环节设置、修改资源配置方案、改进业绩评估机制等。这需要规划者具有问题分析与解决的能力，要能够在复杂环境下对问题进行精确定位，并提出切实可行的解决方案。

通过反馈优化体系还需要将修订结果融入流程体系，形成持续优化的机制。这需要规划者不断总结与检验流程实施的各个阶段，发现存在的差距与新出现的问题，并在流程设计层面进行系统优化。这需要规划者具有持续改进的意识，要形成从实践出发对流程不断检讨与修订的工作机制。

流程规划步骤：梳理、盘点、设计、拆解、输出、复盘总结

流程规划主要分为以下六个步骤：梳理公司发展战略、盘点流程现状、设计流程总框架、分级拆解流程、输出流程框架文件、复盘总结。规划者要从战略研究和现状分析入手，在系统设计的基础上进行详尽拆解，并最终形成规范的文件产出。这需要规划者从多个角度对业务流程开展研究，并在调研与设计的过程中不断汇总意见与检讨优化，以实现流程规划的科学性与实用性。

第一，流程规划步骤之战略梳理

流程规划的目的是支撑战略落地，因此在做流程规划时，要通过战略规划报告、年度经营计划、高层讲话，以及行业价值链、业务组合、客户发展等多个方面分析战略落地需求，并基于公司当前的发展阶段，判断公司流程模式，以确保将战略最终落实到操作实践中。

公司的远景和发展目标通常体现在战略规划报告的愿景和发展战略中，它们都说明了公司长期发展的蓝图和方向。作规划时要明确公司的愿景、战略、目标以及要达成的业绩要求。只有明晰了公司组织层面的发展方向，流程规划才能发挥真正的作用。

公司的优势与竞争力体现在报告和讲话中，对行业发展趋势和公司自身资源与能力的分析中，要说明公司依靠什么样的优势去参与市场竞争。

公司的增长点和未来重点通常在年度计划和高层讲话中以关键词的形式提到，指明短期内公司发展的重点领域和机会所在。

公司的风险与应对之策在报告和讲话中对市场环境和行业的分析中会讨论潜在的风险因素，以及公司如何应对这些风险的策略和措施。

关键业绩指标与进度节点在年度经营计划中要设定，如公司在销售额、利润、市场占有率等方面的关键业绩目标和时间节点。这也反映出公司的发展重点和计划进度。

组织与文化建设在高层讲话中经常会提到，比如加强哪些方面的组织建设，培育什么样的企业文化。这反映公司实现战略目标所依靠的组织体系和人员素质。

在公司业务组合方面，公司需要根据战略目标调整业务的重点投入与布局。这包括退出某些业务，收购或合并其他业务，开发新的业务等。这对应了公司在组织、体系和能力层面发展的需求。

在客户发展方面，公司需要关注客户群的调整方向，加强在目标客户群体中的市场渗透。这需要改进产品与服务，优化销售与客户服务模式，打造品牌形象等。这反映出公司在产品、市场与营销层面发展的需求。

流程规划要围绕上述这些信息来进行。除这些之外，其他方面也可能涉及战略落地的需求，从而关系到流程规划的制定。比如：在人才队伍方面公司可能需要引进某些关键人才加强对现有员工的培训与激励，做规划时要对应组织文化与团队建设的需求；在技术研发方面公司可能需要加大投入力度，改变研发方向促进产品创新，作规划时要对应公司在创新与技术层面发展的需求；在资金与投入方面公司可能需要调整资本支出方向和程度，改变融资渠道与方式，作规划时要对应公司在资金与资源保障层面发展的需求。

那么，如何基于公司当前发展阶段，判断公司流程模式，确保将公司战略最终落实到操作层面？公司处于不同的发展阶段，其流程模式也不尽相同，判断公司当前的流程模式，有助于将战略最终落实到操作层面，这可以从以下几个方面考虑：

从公司组织结构方面考虑，规模扩大通常需要制度化和标准化流程。成熟结构更适合定义清晰的职责和工作流程。

从公司业务复杂度方面考虑，业务更广和产品更多元的公司，内部流程也较复杂全面，需要适当的部门划分和标准化来保证协调。

从管理层理念方面考虑，结果导向的管理层通常要求简单灵活的流程；程序控制型管理层更重视系统规范的流程。

从公司运营连贯性方面考虑，如果后续业务环节衔接更紧密，那么它的流程需要保证可追溯性、连贯性和协调性。这需要一定的标准化。

选择适宜的流程模式是运用战略的关键。发展初期，公司流程应以简单灵活为主，重视快速反应和创新；发展中期，流程逐渐规范化，应以提高运营效率和质量为主；发展后期，公司流程高度成熟和标准化，应以保证稳定和协调为主。根据公司发展阶段的特征，选择能最大限度发挥战略效用的流程模式，这要在创新与规范、灵活与系统之间找到动态的平衡点。这也是战略落地的重中之重。

第二，流程规划步骤之流程现状盘点

在流程规划时需要全面盘点现有流程的现状，主要分为部门流程现状盘点和公司流程现状盘点。部门流程现状盘点是对部门职责进行梳理，并将职责分解到活动，提炼成流程，同时可以参考对标企业进行部门流程评审优化；公司流程现状盘点是对各部门流程清单进行汇总，对分散的流程进行合并，重复的流程进行归整，形成公司现状流程清单。总的来说，这一步主要通过流程调研和分析来实现，目的在于理解现有流程运作的实际情况，找到流程

存在的问题和改进的机会。

通过收集流程相关资料，如流程图、用量统计等，可以帮助我们了解流程的框架、参数设计及运行的数据，是进行流程分析的基础。要全面搜集组织现有的各类流程资料，确保后续分析和评估的全面性。

通过问卷调查、访谈、现场观察等方式，直接了解各参与者对流程的看法和使用情况。这可以发现流程图上未体现的问题，理解流程在实际应用中的效果。要广泛调研涉及流程的相关部门、岗位和用户，获取第一手资料。

在理解流程整体框架和运作情况的基础上，要对流程进行深入剖析，判断流程设计是否合理、产出是否达标、存在哪些不足之处等。要从流程的参数设置、节点设置、资源配置等多个维度进行评估。

在流程分析的基础上，可以判断流程当前的关键问题所在，以及潜在的改进空间。这为流程重构和优化设计提供了方向和依据。要结合组织战略和目标，确定流程改进的重点方向。

通过流程现状的盘点，可以全面和深入地理解现有流程，为后续的流程重构和优化规划积累关键依据。这是继战略梳理后的又一关键步骤。

第三，流程规划步骤之设计流程总架构

在战略梳理和流程现状盘点的基础上，需要基于公司未来发展战略需求来设计流程总架构。设计过程中，要明确流程的目标和目的，确定流程的各个阶段，识别流程的关键点，规定好流程的规则，同时也要考虑到流程的不确定因素。这是设计流程总架构时要把握的几点。

在进行总架构设计时，可以采用 POS 法或 OES 法。POS 分类法比较适用于稳定性、周期性和计划性较高的企业；OES 分类法比较适用于以客户为中心，以项目交付为主的企业。企业可根据实际情况选择适合的架构设计方法。对于这两种方法，此次不作过多介绍。

第四，流程规划步骤之分级拆解流程

基于流程总架构，可以进行流程分级拆解。首先根据其特征将其分解为多个大的阶段，每个阶段对应实现流程的一个关键目标或重要步骤。阶段之间要存在逻辑的先后关系，必须按需确定执行顺序。在每个阶段内，我们可能还需要再进行进一步的分解，区分出关键活动和非关键活动。关键活动对流程至关重要，需要进行严密的设计与控制；非关键活动相对而言就是一些配套和辅助性的操作，不需要如此精密的管理。

"分级拆解"就是根据流程的主要阶段或关键活动，拆解成一级流程。然后对每一级流程再进行进一步拆解，形成二级、三级子流程，直到每一级流程的复杂度都在可控范围内。通常用 L1、L2、L3……来表示不同的层级，企业可依据实际情况决定流程细化层级，只要流程还可以向下再细化，就可以向下继续分拆，直至可操作执行为止。拆解的深度和粒度取决于流程的总体复杂度。

在对流程进行分级拆解后，还需要确保各级流程之间的衔接和依赖关系清晰连贯。可以通过流程图的形式来表达清晰的层级关系和衔接逻辑。另外，我们也需要为每一级流程指定明确的流程责任人，确保在实际运作中能够有效执行各级子流程并实现它们之间的协调。

通过逐级拆解复杂流程和明确各级流程的责任与衔接，可以更系统和清晰地表现一个完整的业务流程。这为流程的沟通、执行和持续优化提供了基础。分级拆解是一个设计高质量流程的关键技巧。

一个复杂流程的分级拆解是一个递归的过程。如果说循环是有去无回，那么递归就是有去有回，因为递归存在终止条件。流程的分级拆解就是递归的，它可以沿着一定的路径不断细化和深入，直到可以清晰描绘每一个步骤为止。在分解的路径上，也要注重各个层级之间的衔接，确保在任意一层展

开下，都能够保证整体流程的连贯性。

第五，流程规划步骤之输出流程架构文件

流程规划的结果是流程设计方案，我们需要输出流程框架文件来表达这一设计方案，使其具有操作性。

总体描述是输出流程框架文件必要的第一步。要概述流程涉及的主要活动、要达成的目标以及在组织中的作用和价值。这有助于各流程相关者理解流程的全貌和意义。

其次要用图示的形式清晰表达流程的构成、各子流程的内容及其相互关系。这是沟通流程设计的最关键要素。构成图需要根据流程的复杂程度确定适当的深度和粒度。

还需要阐明每个子流程的执行主体、活动、输入、输出、相关业务规则和流转条件等，这为子流程的具体实施提供了操作指导。

提出流程监测的方法、优化机会的发现机制以及实施优化的程序，也是框架文件的必要内容。这有助于流程不断地提高运作效率和质量。

最后还要明确流程相关人员的角色划分、主要职责及相关权限。这为流程运行提供了人员保障。

输出上述流程框架文件后，要组织相关人员学习理解，并在实践中不断完善流程文件，确保其可操作性和实用性。流程文件应作为组织的知识资产得到有效管理和持续优化。

输出流程框架文件的所有要素都需要以段落的形式表示，避免简单的数字编号，这可以使全文在表达和逻辑上更加连贯。通过这些要素的表达，可以系统和清晰地描述一个完整的流程设计方案。

第六，流程规划步骤之对流程进行复盘总结

对已完成的流程规划，我们需要进行复盘总结来提高下次规划的质量。

具体可以从以下几个方面进行：

首先，回顾整个规划流程，检查我们在确定规划目的、收集信息、设置选项、评估选择和制定流程方案等每个步骤的做法是否恰当。如果有任何遗漏或可以改进的地方，都需要记录以防重犯。

其次，评估每一规划步骤的实施效果。例如，信息是否充足？选项设置是否全面？评估标准和方法是否适当？流程方案是否可行？这可以发现我们在实践中的提高空间。

再次，检查最终的流程方案，看其是否可以很好地达成规划目的和要求。如果存在不足，也需要在总结中提出，以便在实施过程中继续优化和改进。

最后，此外，还要总结在规划中获得的经验教训。例如，哪些因素增加了选项评估的难度？信息收集如何提高效率？这些经验可以使我们在将来的流程规划中采取更佳的方法。

最好与所有规划相关人员进行口头讨论，共同检讨规划过程中出现的问题、对各种选择和决定的看法，以及对未来流程规划工作的建议。这可以达到学习与改进的目的，也为下一轮规划打下更坚实的基础。

通过复盘总结，可以持续提高流程规划的水平和质量。这是组织学习和进步的重要途径，也是管理工作的体现之一，高质量流程的出色之处，就在于制定后的回顾与提高。

流程规划方法：明确需求、自下而上、借鉴先进经验

通过系统的过程规划，可以制定完整的流程检查清单，并确定核心流程的真实情况。本文简要介绍了流程规划的三种方法，即明确需求、自下而上和借鉴先进经验，这可以帮助大家在实际工作中开发思路，找到适合自己公司需求的流程规划方法。

第一，明确需求：流程规划要满足公司业务需求和管理要求

流程规划的一个重要目的，就是让该规划能够满足业务需求和管理要求。为此，首先要对公司战略规划进行拆解，其次找出实现战略目标所需开展的业务，最后再基于这些业务的开展过程，进行流程规划。

要根据公司的使命和愿景，分析公司的核心竞争力在哪些业务领域。这些业务领域往往体现了公司最根本的生存和发展基础，公司需要不断巩固这些业务的竞争优势，使之成为实现战略的基石。同时，还应关注行业发展趋势，判断哪些业务领域面临较大机遇或威胁。公司需要加大对这些业务的资源投入，抢占先机或避免被边缘化。除此之外，要分析在何种业务领域公司具有潜在的竞争力。这需要基于公司的资源与能力，判断公司可以较轻易发展成功或处于领先地位的新业务。这些新业务的开拓不能忽视，它们是公司最大限度发挥潜力，实现长期发展战略的重要途径。

找到实现战略所需开展的关键业务后，要围绕关键业务进行详细的流程规划，即从宏观高度理解业务全貌与内在逻辑，制定系统且可操作的业务

流程。

首先，需要分析关键业务的价值主张与客户群，确定业务核心流程与控制要素。这需要以客户为中心，站在客户角度判断业务的主要服务内容与质量要求，找出最能满足客户并体现业务价值的核心流程，这些流程往往围绕着产品或服务的设计、生产、销售等关键环节。管理者还需在核心流程中分析主要的控制点，以确保流程的正常运转与结果达成。

其次，在明确业务核心及控制要素的基础上，要设计相应的职责与岗位，并在此基础上配置人员、资金、技术、设备等资源。人员方面，应考虑每个岗位的工作范围、任务难易程度与关键性等因素进行人员配置，以达到最佳的人岗匹配，并且要制定标准化的操作规程与服务标准。资金、技术、设备等资源在流程中的配比与使用，要以提高资源利用率，减少资源浪费或闲置为第一要务。

这种全面而详尽的流程规划，能为关键业务的开展提供科学与准确的指导，是管理者发挥战略作用，推动公司整体发展的体现。

第二，自下而上：梳理公司组织架构和岗位职责的流程规划

与制度的设定往往自上而下不同，流程的归集大多需要自下而上。自下而上制定涵盖各部门和岗位的流程规划，需要细致梳理公司现有组织架构和岗位职责以及工作内容。这是一种较为有效的流程规划方法。

首先要根据公司的组织架构，梳理每个部门的岗位和岗位职责，并根据岗位职责，梳理要达成该职责所需从事的具体工作内容，尤其关注涉及跨岗位或跨部门协作的工作内容；其次由各部门负责人标识每项工作的重要程度，识别关键和核心的工作事项，进而梳理成为工作流程；最后按工作事项大类向上汇总，对工作流程进行归类并按重要程度进行分级，最终形成完整的流程架构，完成流程规划。

自下而上的流程规划，要求站在公司全局角度，理解组织构成与目标，推演各部门的业务运作脉络，设计高效且规范的流程规划。详尽与系统的流程规划能使员工工作有章可循，也能使管理变得更加科学化，能为推动企业发展提供支撑。

第三，借鉴先进经验：参考同行业或通用流程架构的流程规划

借鉴先进经验，就是参考同行业的流程架构经验或通用的流程架构，再结合自身的实际适当调整优化后，形成自己公司的流程规划。这有助于从结构上提升公司流程体系水平，促进公司业务模式与管理模式升级，为公司业务发展提供更好的流程制度平台支撑。

借鉴同行业的流程架构经验是一种"标杆学习法"，就是学习借鉴同行业其他公司好的流程规划。企业还可以借鉴通用的流程架构经验，这方面有面向所有行业的 APQC 流程框架与清单，还有面向某一块业务域的流程架构，如 SCOR、ITLL、CMMI 等。企业可以从中选择适用于自己业务管理的流程和活动，参照进行企业的流程规划。其中，APQC 流程框架值得推荐，因为它不分行业和细分领域，非常适合企业用来查漏补缺，确保流程规划的完整性，所以各公司应优先考虑使用。至于它的原理、功能和具体操作，有兴趣的读者可以通过网络查询或购书来学习掌握，这里就没必要展开了。

企业流程规划必须避开的误区

流程这个概念无论是在理论层面还是实践层面，都早已被大家所熟知，但真正搞明白"流程"的企业并不多，流程在实践中的作用还远未发挥出来。为什么许多人在谈流程却又做不好流程？因为它们对流程规划存在误区。归纳起来，大致有认识和实践两个层面。

第一，认识层面的误区

有人混淆了"流程"和"制度"这两个概念。其实，制度是做事标准，流程是做事顺序；制度保障流程中各个环节的实施符合结果要求，流程验证各环节是否按照制度实施。就这么简单！

有人认为流程规划无须进行流程现状盘点，但事实证明，流程规划只有通过流程现状盘点，才能了解公司目前有哪些流程，现有业务是如何运行的，还能通过流程现状盘点发现问题，为制定可操作、可执行的流程规划提供建议。

有人认为流程环节越多越好。实际上并非如此，流程的设置应该在保证效果的基础上尽量精简，以达到高效的目的。

有人认为流程化是在扼杀创新，恰恰相反！流程化的规范运作对企业、个人都大有好处，这一点是无须多言的。

有人认为流程管理就是找人管流程。流程管理强调让流程来约束人的行为，而不是让人去约束流程。"找人管流程"就是让流程来约束人，这无疑是错误的认知。

有的人将流程分级误称分类和分组。"流程分级"这个词在中国已经成为流程管理的一个主流的框架，对此误读、误解显然是错误的认知。

有的人因为没有流程流域的概念，流程也就没有办法互联互通，更没有同步协同。其实企业的一条条流程是互联互通的，如果是独立一段没有互联互通，那么流程规划就毫无意义。真正的流程其实是由一个流程触发一个开始，开始后的产出又触发到另外一个流程，如此循环往复。

第二，实践层面的误区

有的企业将流程规划盲目对标，结果拖累了业务的正常进行。流程要结合具体业务背景，寻找适合自己的流程，不可盲目对标。

有的企业流程设计与实际不符，缺乏合理性。一个合适的流程，应该是需要对公司的业务或管理相当熟悉的专业人员才能设计出来的，并辅之以配套的说明、表单等，同时需要大力地宣贯、运行和优化。

有的企业将流程安排给各部门分别管理，导致流程被职能和功能分割肢解。殊不知，流程的价值就在于衔接部门、职能的各项功能有机有序地结合。而这样的流程管理只不过是职能管理换了个流程马甲而已，毫无意义。

有的企业靠行政文控来管理流程，不用绩效管理流程。这样做没有意义。为什么？简言之，没有测评就没有管理。

第六章　流程设计：规范工作流程，提高工作效率

企业流程设计的主要目的是实现工作的标准化、高效化与协同化。各部门需密切配合，加强信息交流，并在管理层的统筹下，运用管理手段，建立持续改进机制，实现公司整体目标。基于此，本章探讨了人力资源、财务、市场、研发、质检、营销、采购、生产、仓储物流、客服、行政等各部门流程设计的可行路径及具体方法，涵盖面广，实操性强，有助于推动企业各部门规范工作流程，提高工作效率。

人资部门流程设计：将人事工作程序流程化、标准化、公平化

人力资源体系各模块虽然是相互独立又相互衔接的，但不论哪一个模块、哪一项工作都遵循着一个规则，那就是流程化、标准化、公平化，这是人事管理现代化、专业化的标志。流程化可以提高工作效率和质量，标准化可以强化工作控制，公平化可以维护组织公平氛围。三者相互促进，共同推动人事工作质量的提升和人事目标的实现。流程化、标准化与公平化有助于提升人事工作结果的可靠性与员工体验的积极性，这应作为人事部门在管理

革新与服务发展中的重要关注点。

第一，人事工作程序流程化

人事工作程序流程化的设计，关键在于对工作的深入分析与理解，综合考虑各个影响因素，设计出既高效又具有控制性与公平性的工作流程。

人事部门首先要对各项工作的重复性与联系性进行全面梳理，明确其自动化与流程化的空间。然后在此基础上进行模块化设计，精简工作流程，减少冗余环节，增强连续性，实现最优工作轨迹。这可以大幅提高工作效率，减轻人力成本负担。

在流程优化设计过程中，还要考虑流程执行的控制力和公平性。制定标准化的操作规范，明确各环节的权责及要求，保证工作质量与结果达标。同时，应避免流程设计中存在主观判断的空间，要让员工感知到组织的公平与公正。这需要人事部门在流程化思维中体现出公允与包容的理念。

流程化人事工作程序设计还应考虑到灵活性，以适应环境的变化。过于僵化的流程可能在应对突发事件时缺乏操作空间，难以发挥效用。因此，在追求标准化与程序化的同时，也要注重流程的易操作性与灵活性，留出一定的自由裁量余地，使之能够适应变化的需要。

第二，人事工作程序标准化

人事工作程序的标准化设计，关键在于对工作内容与要求的深入分析，制定科学合理的操作规范，指导工作的开展。人事部门要不断提高对流程与知识的掌握，培养对结果的判断与控制能力。同时，也需要更新理念，在过度控制与适当放权的理解上采取开放态度。

首先，梳理各项工作的主要步骤、关键点及相关要素，理解工作之间的逻辑关系与依赖性；其次，制定具体的操作手册或工作指引，明确各个工作环节的权责人、操作事项、资料要求、时间节点、评审标准等，使工作的开展有依可循。

标准化操作规范的制定，还需要考虑到工作效率、质量控制与结果一致性等。操作流程需要简洁清晰，避免重复和冗余；控制点需要针对易出错或重要环节设定；评审标准需要符合工作要求和预期目标。这需要人事部门精通业务，并具备对业务的控制力和对结果的预期与判断能力。

在制定标准化规范的同时，也需要兼顾到工作的灵活性，给予一定的自由裁量余地。这可以在应对突发变化的事件时，发挥操作规范的功能。过于严密僵化的标准可能会导致员工过度依赖规范，抑制工作的创新空间，难以适应环境的变化。因此，标准化规范的制定也需要在合理控制与适度灵活之间达成平衡。

第三，人事工作程序公平化

人事工作程序公平化的设计，关键在于树立公平与公正的理念，要在流程设计与操作规范的制定中体现出这个理念。这需要人事部门在对工作流程与标准的梳理中，采取更加宽广与长远的视角。除了需要考虑到工作效率、质量与控制的要素之外，还需要在方案设计的每一步骤中体现出公允与公正的原则。要避免流程设置与操作空间中存在主观判断的因素，尽量依据客观公正的标准来执行各项工作。

人事工作涉及员工的权益与分配，如果在流程执行中存在偏差或不公，很容易引起员工的不满与猜疑。这不仅会损害员工的信任感与工作积极性，也会影响组织的稳定与发展。因此，公平性原则应是人事工作流程设计中的首要考量点。

实现工作程序的公平化，还需要人事部门内部形成一致的理念与价值观。不同评估人员在工作判断与执行中难免会产生差异，这需要通过定期评审、案例分析、统一培训等手段达成部门内部的思想共识与行动一致。这有助于公平考量在实际工作中的贯彻执行。

另外，也需要在操作规范中加入评审机制，通过事后考核将公平性原则转化到行动层面。这需要定期测评工作执行情况，及时发现偏差之处，并予以完善与修正。这也需要人事部门具有持续改进的意识，以及对员工反馈的敏感性。

财务部门流程设计：基于规范化财务管理的流程设计

满足规范化财务管理需要的财务部门流程的科学设计，需要明确部门职责与工作范围，简化工作流程、增强工作连贯性，制定标准化操作规范，加强过程控制与评审，建立有效沟通机制等。这需要设计者具备全面准确的业务理解，科学的管理方法与工具应用能力，同时也要在管理理念上不断更新，特别是在控制与协作，信任与授权上的平衡感知上不断提高。

第一，明确部门职责与工作范围

财务部门流程设计中应明确部门职责与工作范围，这一点的关键在于对部门工作内容与要求全面而深入地理解。明确的部门职责与工作范围是规范化财务管理的基石，它不仅能提高工作效率，也能为流程优化与成果控制提供基础保障。这需要财务部门在日常工作中积累丰富的业务经验，并在此基础上不断提高对财务管理内涵的认知。

只有在掌握工作的广度与深度后，才能科学而准确地划分部门内各岗位的职能定位。这一步需要考量部门工作的连贯性与依赖性，避免划分过紧导致工作割裂或划分过松造成工作遗漏。同时，也需要在划分过程中体现工作的专业化与模块化，使之能够贴近具体业务，在操作上达到高效且标准化的目的。

在岗位职责清晰定义后，还需要进一步将其在实际工作流程中具体化。这需要明确各岗位在日常工作流程中所承担的具体事项、权限范围、资料要求、评审标准等，使工作有标准可遵循。这需要做好对工作轨迹与要素的全面监控与把控。

另外，随着业务与管理要求的变化，部门职责与工作范围也需要定期检查与修订。这需要财务部门具有敏锐的变化观测力，能够及时发现因离职变更情况的需要，并在调整中体现出灵活高效的执行力。

第二，简化工作流程、增强工作连贯性

财务部门流程设计中如何做到简化工作流程，增强工作连贯性，这需要在专业知识与技能的积累中不断更新观念，特别需要在控制与变革、定则与灵活之间达到新理解。

首先要分析各项工作的重复性与关联性，识别出可以简化与模块化的空间；然后通过精细化拆分与重组，减少工作中的冗余环节，实现最优工作路径。这需要对工作间的依赖与联系有清晰的认知，做到在流程简化的同时不影响工作的完备性。

要考虑将相关工作标准化与自动化，减少人工干预的环节，提高工作的连贯性。这需要选取规范化的工具与技术手段给予支撑，在流程设计中要体现出数字化与系统化的思维。这可以进一步减轻人员负荷，避免由于人为差错造成工作割裂，真正实现工作的无缝衔接。

在流程优化的过程中也要注重控制点的设置与评审机制的引入。简化工作流程并不等同于对工作要求的降低，其关键是在简化中实现对关键节点的把控，通过过程性检验来确保结果达标。这需要对工作轨迹与质量有清晰的认知和判断，还需要考虑环境变化给工作流程带来的影响。简化后的流程还需要在一定程度上保留灵活性，以便在需要时进行快速响应。这需要在流程设计中兼顾标准化与个性化，平衡制度执行与自由裁量的关系。

第三，制定标准化操作规程

在财务部门流程设计中制定标准化操作规程是规范化管理的工具保障，其科学性直接影响管理的效率与效果。这需要财务部门在业务水平和管理水平上不断强化，并在此基础上持续推陈出新，实现与时俱进。这是实现财务管理专业化与精益化的必由之路。

要对部门各项工作的主要步骤、要素以及关键控制点进行梳理，并在此基础上制定相关的操作手册或工作指引。这需要对工作过程与要求进行深入分析，做到在操作规程中准确而全面地反映业务的重点与流程。这就表示财务部门要在专业知识与技能上有较高的掌握程度。

还需要考虑到效率、质量与连贯性等要素。工作流程需要简明清晰，关键节点需要明确权责与评审标准，资料要求符合业务精髓与控制要点。这需要对结果与影响有清晰的认知，做到在操作规程的制定中体现出管理要求与预期目标。

设计标准化操作规程也需要适当的灵活性与弹性，以便在环境变化下发挥作用。过于僵化的标准可能难以在应对突发事件时发挥实效。因此，要在追求精确与规范的同时，注重规程的易操作性，给予一定的自由裁量余地，在操作规程的制定过程中管理者要持开明与包容的理念。

设计标准化操作规程离不开定期检查与修订，以确保其符合当前管理要求与最佳实践。这需要具有敏锐的变化观察力，也需要在控制与信任、稳定与变革之间形成更加开放的理解，实现规程制定中的机制革新。

第四，加强过程控制与评审

财务部门流程设计中应加强过程控制与评审，要在流程的关键节点设置检查机制，实时监测工作进展与质量，确保其符合预期目标。

首先要对部门各项工作的主要流程、控制点以及关键环节进行全面梳理，明确其中的重要节点与风险性；然后在高风险或重要节点设定评审机制，通过对照标准来定期检测工作是否达标，并在发现差异时进行及时修正。这需要对业务流程与要求有清晰、全面的认知，并能准确判断各节点的重要性与敏感性。

评审机制的设计还需要考虑到效率与灵活性。过密的评审可能会使工作产生依赖，影响部门的自主性和创新性。因此，要在流程设计中达成控制与信任的平衡，注重评审的针对性，避免过度介入工作层面。这需要管理者在权限分配与过程把控之间形成开明的理解。

过程评审的设计还需要定期检查与完善。通过对评审存在问题的总结，或部门反馈意见的吸纳等手段不断优化评审方案。为此，要具有持续改进的态度，特别是对部门反馈与变化要求保持高度敏感。只有不断与时俱进，过程控制机制才能真正发挥作用。

过程控制与评审设计还需要部门内部形成一致的理解与执行方式。要通过培训、交流等手段达成部门内部对控制重点、评审标准的共识，避免出现执行差异。

第五，建立有效沟通机制

财务部门流程设计中应建立有效的沟通机制，要在流程与制度的制定中体现开放与协作的理念，确保信息的畅通与工作的衔接。

在流程设计的过程中要充分考量跨部门或岗位工作的协同性，明确其中的信息交流与协调机制。这需要对部门工作有整体的认知，理解各业务流程之间的关联性与依赖性。只有在全面掌握工作内涵的基础上，才可能在流程制定中合理地设置沟通节点与方式。

有效沟通机制的建立需要简化传递路径，确保信息的及时、准确。这需要在流程中体现直观、清晰的沟通渠道，并在关键节点设置必要的反馈或确认机制。要注重沟通效率与质量，避免因信息交流而引起的工作阻塞或偏差。

沟通机制在设计中的体现要具备灵活与个性化。不同工作或事件可能需要采取不同的沟通方式与手段，要在流程制定中兼顾标准化与专业化，给予相关岗位适度的自由裁量权。这需要管理者具有开放与包容的心态，在控制与信任之间达至新的平衡。

有效沟通机制在设计中的体现还要通过培训、案例分析等方式在部门内部形成共识，确保其理念与要素在执行层面得到贯彻。这需要管理者具有影响力与执行力，能够在价值观的传递与行动的引导上起到关键作用。

市场部门流程设计：重视并建立行之有效的市场调研与市场输出流程

市场调研流程和市场输出流程是市场部门流程设计的两个关键环节，要给予高度重视。市场调研流程要明确调研的目的和范围，设定科学的调研方案与计划。市场输出流程要根据调研结果和企业战略为市场输出设定准确的目标与方向，并考虑相关信息的分类与匹配，从而构建针对性强的传播矩阵与渠道。有效的市场调研与输出机制直接影响市场部门服务的针对性与成效性。

第一，市场调研流程设计

市场调研流程的设计需要以准确全面地把握市场环境与需求为出发点，选择科学有效的调研手段与路径。

要明确调研的目的与范围，关注需求变化的方向与力度。对宏观环境与行业趋势要有敏锐的判断，准确定位需求的关键所在。然后制定系统全面而灵活的调研计划，选择可以反映需求真实情况的对象与手段。

要简化调研流程，提高工作效率。构建标准化的调研工具与反馈机制，选择针对性强的技术手段与平台。这可以减少人工干预环节，实现精准高效的数据采集与处理。同时要注重过程管理与控制，特别在信息的收集、整理与分析阶段设置检查点，以监测质量与进度。

要加强对调研结果的整理与分析，发现需求的变与常。从数据中识别出有价值的信息，要对影响因素及其作用进行深入解析，并在数据转换为情报的过程中体现专业知识与分析技巧，作到对结果的准确解读与判断。

调研结果的传达还需结合决策需求进行针对性的处理与表达。要考虑到不同层级与角色的理解差异，选择恰当的传达方式与内容。这需要在信息的分类与匹配上做精细工作，实现信息量与调研结果的最佳配置。

第二，市场输出流程设计

市场输出流程的设计需要在全面准确地把握目标受众与传播环境的基础上，构建出高效的传播机制与路径。

要根据市场调研结果与企业战略确定清晰的输出目标，包括受众定位、影响程度以及预期效果等。这需要准确判断不同客户或市场的特征，做到针对性强的定位。

要考虑信息的分类与匹配，构建针对不同目标的传播内容与方式；要运用定制化的方法与工具，选择可以最大限度发挥作用的输出手段与渠道；要把握数字化工具的应用趋势，运用自动化的平台与功能，减少中间环节，实现信息的实时传播，以提高工作的精准度与效率。

要建立科学的效果评估机制，通过反馈信息的收集与分析评价输出效果，并在需要时进行快速修正或优化。还要加强与其他部门的协作，特别是与市场调研和产品部门保持高效的沟通机制。要在相关流程设计中体现协同与共享的理念，明确信息交流的内容、路径和频次，实现工作的无缝衔接。

研发部门流程设计：搭建"成本—质量—效率"的研发可能三角机制

研发部门研发工作的三大要点是成本、质量和效率，因此流程设计也要围绕这三点展开，设计过程中要注意成本控制，确保研发质量，提高研发效率，由此搭建的"成本—质量—效率"的研发可能三角机制，使能力研发部门的研发工作顺利推进。

第一，研发部门流程设计中，成本、质量和效率的内涵

成本控制是研发部门流程设计的一个重要方面，它关系到项目的投入产出比和企业的经济效益。在流程设计中，要建立详细的成本核算体系，对每个研发活动的资源消耗进行准确统计与记录。特别要对关键工艺和材料的成本进行严密跟踪，如果发现超出预算要及时检查原因，采取措施进行控制。要优化现有流程，避免重复工作和资源浪费，最大限度降低研发成本，如新增工序的设计要进行成本效益分析，有选择性采用。设备选择也要考虑投资与运行成本，选择经济高效的配置方案。在项目实施中要定期评估总成本，如果高于预算要采取措施进行调整，通过技术改进、材料替代、流程重组等来实现成本目标。项目结束时，要对研发活动的成本进行全面清算，以及成本控制情况进行总结，获得的重要经验可用于以后的项目管理。

质量管理关系到产品的市场竞争力和用户体验。质量要求来源于产品定位和目标用户的分析，因此要确定产品在功能、性能、安全可靠性等方面的具体质量标准，作为设计过程和结果的重要参考。在方案选择时，要评估不同方案实现质量要求的难易程度与风险，选择技术成熟和质量风险较小的设计方案。对涉及的关键技术要进行严密论证，保证研发的可行性和高质量。在流程设计中，要针对每个工序建立质量控制点，制定科学的质量标准和评判规则。要加强对关键工序的质量监督，进行必要的检查和检验。质量数据要进行系统记录和分析，发现问题要及时改进。在试制与验证阶段，要组织专业团队对产品的各项性能指标进行评价，如果未达到质量要求，要分析问题所在，并对设计方案或工艺流程进行修正，直至质量达标。在项目总结时，要对设计流程中的质量控制与管理进行总结，并提出改进措施，记录重要的质量管理经验，用于以后项目设计参考。

效率管理关系到产品的上市速度和市场竞争力。在确定研发方向时，要对不同方案在难易度、工作量和研发周期上进行比较，选择技术难度较小、进程清晰的方案，这可以提高研发效率与速度。在做方案设计和流程规划时，要评估不同设计方案在实施难易程度和工作量上的差异，应选择工作量较小、关键技术有现成解决方案的设计方案。同时要考虑现有资源的影响，选择对研发现状影响较小的方案，这可以缩短研发周期。在具体流程设计时，要针对每个工序设置必要的进度跟踪点。要制订合理的进度计划与里程碑，并定期进行评审，监督计划的执行情况，如发现延误，要及时分析原因，采取措施进行调整与追赶。在研发实施过程中，项目负责人要定期收集工作进展数据，跟踪关键路径上的工作进度，如果进度滞后预期，要督促工作组进行过程优化或采取加快措施，确保按时完成里程碑目标。在项目总结时，要对不同设计方案的研发过程进行效率评估，分析影响效率的因素，总结经验，提出改进措施，是否要进行流程重组、资源补充、技术改进等。要记录重要的经验教训作为以后项目管理的参考。

第二，搭建成本、质量、效率的流程设计三角机制

研发部门在流程设计中，要在成本、质量和效率三个方面实现有机的衔接与平衡，构建高效的研发三角机制。

在确定研发方向时，要根据产品定位和市场需求，分析三者之间的关系。明确在不同技术难度和质量要求下，成本投入的合理范围。同时要考虑不同方案实现难度的影响，评估研发周期和所需要的资源，选择在三方面达到较好平衡的研发方向。

在方案设计和流程规划中，要针对不同设计方案在成本、质量和效率方面进行评估。选择投入产出比较高，且在质量和难易程度上有优势的方案，对复杂的工艺，要考虑替代方案以实现最佳平衡。

在具体设计过程中，要从三个角度出发，构建质量控制体系、成本核算机制和进度监督方案。特别在关键工序上，要加强质量检查和检测手段，同时记录详尽的成本数据，并设置有效的进度跟踪点。要定期收集三方面的数据，分析之间的关系，并不断地修订和改进流程设计。

在后期验证过程中，要审核产品在性能、成本和研发周期三个方面的达成度，如果某一方面未达预期，要分析原因，并提出针对性的改进措施，包括重新审视设计方案或调整工艺细节等。项目结束后，要对三角机制在不同工程中的发挥作用进行总结，得出关键经验供以后工作参考。

高效的研发活动需要各方面因素的协调配合。研发部门要在流程设计的方方面面，都考虑到成本、质量和进度的控制与平衡，上下联动，将管理要求转化为清晰的流程规划与控制措施，这样才能在有限投入下实现高质量产品的快速研发。

质检部门流程设计：基于检验要求、方法和规范的质检流程

质检部门必须设计科学全面与严密可靠的检验流程，检验要求来源于产品的质量标准与技术指标，检验方法要选择与被检验产品匹配的检验手段与检测试验设备，检验规范要对检验的各个环节与要素进行严密规定。只有建立系统完备的检验机制，才能真正把控产品质量，确保高质量标准的达成。

第一，对质检要求的流程设计

质检部门的流程设计从质检要求开始。质检部门的质检要求主要包括依据质检标准开展质检，同时要求方法科学、设备可靠、人员合格、记录翔实、过程规范、监督有效、结果客观、反馈及时等，这些都是质检工作的基本要求。质检部门在流程设计中，要首先考虑这些要求以及技术标准，将其细化为明确的检验要求，建立系统的检验流程。

在流程设计时，要针对每个检验项目制定详细的检验工作指导。要规定具体的操作步骤、数据收集格式、质量判定规则以及不合格品的处置流程。工作指导要具有可操作性，并配有详细的图文资料。

检验流程设计要体现严密性与规范性。要对检验环境、检验人员资质、数

据记录与报告等各个方面作出严格规定。这关系到检验结果的准确性与可靠性。

在流程执行后，要对检验效果进行评估，如果发现问题，要及时更新和修订流程设计与相关规范。同时，也要记录成功的检验管理经验，用于流程设计的持续改进。

第二，对质检方法的流程设计

质检部门在设计质检方法的流程时，首先要全面了解所要质检的产品或工序，识别出关键质量特征，确定质检项目；然后根据相关法规标准、客户要求和企业质量方针等确定具体的质检要求，如检验量、检验准确度、检验精密度等。在此基础上，选择科学合理的质检方法，不同的质检项目和不同的质检要求对应不同的质检方法。

质检方法的制定过程需要参考行业标准和相关技术资料，许多行业标准和参考书中都包含质检方法的推荐选择和操作规程。质检部门需要研读这些资料，理解不同质检方法的原理和适用范围，在此基础上结合自身条件选择最合适的方法。如果行业内无推荐方法，还需要自行开发质检方法并验证其有效性。

质检方的选择也依赖质检手段和质检设备。质检手段主要包括检验、测试、分析、测量等，这些手段的选择依赖于企业的技术水平和设备投入。因此，质检方法的设计还需要考虑企业实际拥有的质检设备和工具的性能和功能，选择与之相匹配的方法。

质检方法设计好后，还需要进行标准化和规范化处理，将方法细化为操作规程和工作指导书，明确方法操作流程、数据报告内容和格式要求等，以确保质检方法的准确性、连续性和可重复性。这将为质检人员提供明确指导，减少人为影响。

第三，对质检规范的流程设计

质检部门在设计质检规范的流程时，首先要全面识别企业质检工作所涉及的各类质检规范，如法律法规、行业标准、客户技术协议、企业内部质量方针等。这需要质检人员不断学习和研究，理解每个规范的主旨与要求。与此同时，还需要对不同规范进行筛选和划分，区分适用范围，为后续工作的展开提供清晰的导向。

在了解企业各类质检规范的基础上，要对规范要求进行解读和分解，将比较原则的要求具体化为产品参数、工序参数、检验项目、检验标准和检验频次等操作层面上的要素。这需要质检人员理解技术要点与质量要素之间的内在联系。有的规范要素可能需要根据企业实际制定相应的内部标准以供操作参考。

依据上述工作成果，开发标准化文件的相关内容，如产品规格书、工序规范书、操作规程、检查表等。这些文件应涵盖从质量方针到具体操作细节的各个层面，是实施质检规范的基础，这有利于形成统一和规范的质检工作方式。

质检规范的更新同样需要质检部门的关注与跟进。相关标准的修订、客户要求的变更都需要及时更新到企业的标准化文件和操作规范中，这要求质检部门具有持续的信息收集和分析能力。还需要在企业内部进行规范要求的宣贯与沟通，特别是生产和质量相关部门，这有助于在全体员工中形成统一的质量意识，理解并高度重视质检规范在质量工作中的重要作用，为规范的实施创造有利的企业环境。

营销部门流程设计：对技术向产品转化、客户关注获得、客情关系维护环节的设计

营销部门的流程设计主要包含三个方面：技术向产品转化、客户关注获

得、客情关系维护。这需要系统考虑技术转化、客户关注和客情关系维护等方方面面，既要注重各个流程内部步骤的科学性和连贯性，也需要建立跨流程的信息交流机制，实现对整个产品营销活动的协同控制，这是高效营销的关键所在。

第一，技术向产品转化的流程设计

营销部门在技术向产品转化的流程设计方面，需要以整体和系统的思维进行考量，主要应考虑技术趋势与市场需求、新技术评估与落地、技术可行性分析与产品定位、产品需求分析与品牌设计、产品设计与原型开发、产品测试与市场验证、产品定价及营销方案与上市等方面。

在具体设计过程中，要密切关注前沿技术发展动向和市场需求变化，通过多渠道获取最新信息，分析技术发展方向和客户需求变化趋势，这将为产品创新和设计提供重要参考。同时，还需要对获取信息进行评估，判断哪些技术和需求变化与企业战略和资源禀赋相匹配，可以落地应用，这需要综合判断技术成熟度和变化难易度。

在选定技术与需求变化方向后，要进行深入的分析与判断，确定产品的定位和功能取向，要求综合考虑技术可行性与市场竞争力。产品定位清晰后，还需要围绕目标用户进行需求剖析，设定产品品牌内涵和视觉形象，这有助于产品设计得以深化。

产品设计阶段要与相关技术部门密切合作，将需求分析转化为功能参数，不断推敲和测试设计方案，直至形成最终产品原型。然后还需要组织内外部资源对产品原型进行全面测试，确保产品稳定性和性价比，同时也检验市场接受度，为后续工作提供依据。

在测试结果与市场反馈的支持下，可以完成产品定价、营销方案制订和产品包装设计工作。综合判断市场环境与销售渠道后确定产品上市时间，将产品正式推向市场。

第二，客户关注获得的流程设计

营销部门在获得客户关注的流程设计上，需采取全局和系统的思维。获得客户关注是一个持续的过程，从客户分析开始，到产品推广方案设计与执行，再到试用转化与支持，每个环节都需要密切衔接。

首先，要对目标客户群体进行深入分析与研究，了解其需求变化、消费习惯、信息获取渠道等，制定客户画像，这将为产品推广方案的设计提供基础。其次，还需要综合评估自身产品和企业实力，明确产品在市场上的差异定位和竞争优势，为产品推广定调。

在客户分析和产品评估的基础上，要设计精细化的产品推广方案。这包括选择产品推广信息的表达主题与形式，确定推广渠道的选择，比如网络平台、行业资源、体验营销等。还需要安排产品推广的时间节点与频率，制定各阶段的投入预算，重点在产品上市之前达到关注高峰。

营销活动实施期间，要全程监控各推广渠道的执行效果，及时调整方案，保证客户关注度的持续提高。这需要跟踪客户在各渠道上的参与度、产品的搜索与点击量变化，重点关注客户互动与反馈信息。根据监测结果不断优化推广方案与资源配置，最大限度发挥影响。

客户关注度达到一定高度后，要迅速转化为产品试用机会。这需要通过线上线下的试用活动让目标客户亲身体验产品，驾轻就熟。同时提供产品试用支持与咨询服务，解答客户在试用过程中的疑问，提高试用满意度。试用阶段的客户反馈尤为宝贵，需要仔细梳理，作为产品改进的重要依据。

第三，客情关系维护的流程设计

营销部门在客户关系维护的流程设计上，需要采取整体和持续的思维方式。要在客户服务、监测反馈、差异化服务以及定期沟通等方面持续付出。

只有在全流程中保持对客户的高度重视，快速响应客户需求，不断调整和改进，才能真正建立长期稳定的客户关系，这也是企业获利与发展的源泉。

在设计过程中，首先需要建立长期的客户服务机制，这包括售后服务网络的搭建、客户服务团队的训练与激励、客户投诉处理流程的制定等。既要确保服务网点覆盖全国主要区域，又要服务人员具备一定的技术与沟通能力，还要让投诉处理流程清晰高效。

同时，要通过多种渠道持续监测客户使用反馈信息，这包括售后服务数据分析、客户投诉主题研究和定期开展的客户满意度调查等。重点关注客户长期使用体验，及时发现产品或服务存在的问题，这需要对海量信息进行分类整理与研判。根据分析结果不断改进并完善客户服务机制与服务标准，优化客户体验。

还要针对不同类型的客户群体设计差异化的客户服务方案。重点客户可以设立专属服务团队与相关政策，一般客户可以采用标准化的服务，潜在客户则需要以平台或社群的方式加强互动。这需要营销部门对不同类型客户有清晰和详细的理解与划分。

除此之外，还应定期开展客户沟通与互动活动，可以通过线上直播、线下研讨会、客户见面会等形式。这有助于双方增进相互理解，并发现客户需求的最新变化，得到客户对新产品或新技术的反馈意见，为客户关系的长期稳固奠定互信基础。

采购部门流程设计：合规高风险部门流程设计要"不留死角"

众所周知，采购流程作为企业，尤其是生产型企业的业务起点，是企业成本与质量管理的关键环节，它会影响企业品牌形象与市场营销工作的开展。正是因为采购部门如此重要，与外部供应商合作如此频繁，因此要对其发生合规风险提高警惕。

采购部门的流程设计应该满足合规风险控制与企业高效优质运营的要求，并在采购需求识别时做好风险评估和分析工作，确定供应商选择名录和评审标准时，在采购执行与货物交接环节建立详细的操作规程与规范，定期开展供应商评审与采购流程诊断等。这些具体的过程可以归纳为采购计划、采购认证、采购订单和管理评价四个环节，针对这四个环节进行流程设计，可以有效避免出现流程死角。

第一，采购计划的流程设计

采购部门的采购计划流程设计是一个系统过程，需要从采购需求分析到目标设定，再到供应商选择与采购流程设置的每一环节进行全面考量与设计。采购计划的流程设计需要采取全局和系统的思维方式进行。

设计者首先要对采购需求进行分类和分析，区分不同层面的需求与采购对象，明确各类采购的特征与风险程度，这有助于采购计划的分解与细化。重点复杂的战略性采购需要单独制订计划，一般常规采购可以统一规划。不同类型采购需在时间节点、资源投入等方面有差异考量。

在采购需求分析清晰后，要确定采购目标与原则。这包括采购预算的制定、质量标准的提出、采购收益的预判等。采购预算需要在公司年度预算的基础上进行分解，重点考虑各重要采购的费用水平。质量标准应结合生产和商务需要提出，指导供应商选择与产品验收。采购收益预判也需要在产品竞争力和成本基础上进行判断。

采购目标与指导方针明确后，要设定供应商选择标准，并形成供应商资源库。这需要明确不同类型采购对供应商的要求，特别是战略采购需要对供应商品质与合作态度有较高要求。供应商选择需要综合其资质、生产力、价格、服务能力等进行评定。构建的供应商资源库要保证数量足够并定期更新，为后续采购提供候选范围。

在上述基础上，要详细设计每一个采购环节的工作步骤与流程，包括询价与收样、供应商评选、合同谈判、订单下达与跟踪、检验验收与结算等多个阶段。每个阶段都需要明确相关人员的职责，把控采购进程与风险。采购工作的制度与规范需要在此环节进行全面设计，确保整个采购活动的规范高效开展。

第二，采购认证的流程设计

采购认证流程设计是一个全面和长期的过程。从被采购对象标准的提出，到认证人员的选择与培养，再到认证工作的制度建设，每个环节都直接影响认证结果的权威性与客观公正性。因此，制定它时需要拥有系统和严谨的思维方式。

首先要对所要采购产品或服务进行标准化与规范化。这需要结合内部生产与经营需要、市场规则规定和行业标准等因素列出具体指标。同时还需要对供应商资质与能力提出一定要求，特别是对一些专业技术含量高或质量安全敏感的采购对象详细规定供应商标准。这两个方面内容的科学性与操作性直接影响采购认证的严谨性。

在标准规范明确后，要选择与培养认证人员。认证人员应当熟悉相关产品技术、采购流程和企业内部管理制度，具有较强的工作责任心与执行力。

要制定详细的认证工作程序与健全相应的管理机制。这包括被认证对象提供资料的目录和格式，认证检查的时间安排与重点，认证评估表的设计，认证通过与否的判断标准，以及认证后续的监管措施等内容。认证流程的严密性直接影响结果的客观性与权威性。

除了认证工作本身，还需要开展常规的培训、评审与奖惩。通过定期培训提高认证人员的专业水平并统一工作标准。培养应注重专业知识与技能的学习，同时要加强规范意识的培育。认证人员的选择与培养标准是否要求严格，直接决定认证工作的效果。通过奖惩机制，可以营造认真负责的工作氛围。培训、评审与奖惩这三方面的落实对认证工作的长效性至关重要。

第三，采购订单的流程设计

采购订单流程设计是一个系统工程。从采购需求评估开始，到合同签订，再到订单下达与执行，每个环节都直接影响着采购的顺利进行。采购订单流程设计需要有简洁高效与控制兼顾的思维方式。

首先要对采购需求进行评估和认定，判断其采购数量、采购时间的紧迫性与采购预算。这为采购订单的下达与执行提供前提基础。不同层级的采购订单在审批流程与资源投入上有差异，这需要根据权限与制度进行区分。重大采购需提交高层审批，一般采购由采购部门自行下达即可。采购需求评估清晰有助于订单工作的高效开展。

在采购需求确认后，要与供应商进行合同签订或框架协议确认。这需要双方就价格、数量、质量、交货时间、结算方式等作详细约定，特别是在采购总量较大或供应期较长的情况下，合同或协议的作用更加凸显。此内容直接影响后续订单执行的顺利性，其科学合理性需要采购与供应商共同把关。

合同或协议签订后，要制定详细的订单下达程序，包括订单书写的格式与内容要求、下达方式的选择、订单编号的设置与管理等。然后需要根据采购数量、采购时间与资金预算的安排，确定与分解订单下达的数量与时间，特别是对要求较高或需准时发货的重要订单进行严密跟踪与监控。这需要做好全局管理和控制，把握各采购订单之间的衔接与协调。

除采购订单的下达与执行外，还需加强对订单过程的监督检查。这包括定期核对采购需求与实际下达订单的匹配程度，订单执行效率的评估，供应商交货质量的检验，订单结算工作的审计等。通过多角度、全流程检查可以提高采购控制，发现问题并改进，这有利于采购订单工作的长期规范与效率提高。

第四，采购管理评价的流程设计

采购管理评价是一个持续的系统过程。从评价方案的设计到评价实施，再到评价结果的研究分析与运用，每个环节都需全面考量与严密把控。采购管理评价的流程设计需要全面和持续的思维方式。

首先要制订详细的评价方案，这包括评价对象的确定、评价指标的选取、评价工具的设计与评价频率的设置等内容。评价对象应覆盖采购全过程，不同对象侧重点有差异。评价指标的选择需要考量采购目标和相关制度规定，评价工具设计应注重操作性，评价频率应保证监管效果。方案的科学合理直接影响评价结果的准确性与针对性。

评价方案设定后，要选择与培养专门的评价人员与团队。评价人员应熟悉采购工作规范和管理要求，有一定的评价技能与丰富的实践经验。评价团队的人员配置应保证专业跨度广泛与评价深度充分。评价人员与团队的专业度有助于提高评价结果的权威性与客观性。

要制定严密的评价实施步骤与相关规范支持。这包括被评价对象的自评与资料收集、评价现场检查与听取意见、评价会议的召开与讨论、评价报告的起草与发布等流程。每个步骤都需要明确人员分工与执行标准，保证评价的规范进行，评价实施的严谨性直接影响结果的准确可信。

评价工作实施完毕后，要对评价结果进行分析研究，检验评价方案与实施的合理性，发现存在的问题并提出改善措施。这需要从评价指标的选取、评价工具的设计、评价频率的妥当性等多角度进行分析检验。同时还需结合采购管理目标调整相关制度与流程。评价结果的跟进运用是提高管理水平的关键一环。

生产部门流程设计：设计灵活高效的生产流程的同时要关注质量和安全

生产部门流程设计是一个复杂的系统工程，需要在理解质量、安全、效率等各要素变化的基础上，做好工艺设计、制度建设与过程监管等工作。只有在平衡考量产品质量、作业安全与生产效率，注重细节与关口把控，不断检验和改进，生产流程设计才可能既保障高质高效，又兼顾安全生产的要求。这也是企业管理的重中之重，并且是企业核心竞争力的体现。

第一，产品质量的流程设计

生产质量是生产部门的核心工作内容与重点关注点。生产质量的流程设计是一个长期的循环系统过程，需要立足全局，在产品与工艺不断更新的基础上，构建严密的质量标准与控制体系，注重关键点把控与持续改进，不断缩小质量风险，始终如一地追求高质量，这也是制造业核心竞争力的体现。

在流程设计过程中，首先要结合产品设计要求、用户需求与行业规则等因素，提出具体的质量指标与技术参数，进而制定科学的质量标准。质量标准的严谨性将直接影响产品的性能与生产的可控性。制定过程中应广泛听取相关部门与专家意见，并随技术变革与需求变化进行定期修订。

须选择高质量的原材料与机器设备。这需要对不同供应商与设备性能进行较长时间的评估与试用，选择那些质量稳定与技术先进的对象进行合作。原材料与主要设备的筛选是实现产品质量的基础。

要严密设计质量控制体系与检验标准。在每个关键工序设立质量把关机制，并安排专人进行操作监督和质量检验。质量检验标准应涵盖人工检验与设备检测，确保质量问题的全面检查与发现。质量体系的完备性影响产品质量的全程管控。

应定期开展质量管理评审，研究用户反馈与市场信息，并根据时代需求调整工作重点。评审内容包括质量标准的时效性、检验手段的先进性与操作规范的执行度等。这需要配合专家与研发部门共同研究，不断更新认知与提高质量管理水平。评审工作是确保质量体系持续改进的关键所在。

第二，作业安全的流程设计

作业安全是生产管理的重中之重，它关系到作业人员的生命财产与企业持续经营。需要在识别危险源与评估安全风险的基础上，构建规范的管理机制与实施严密的管控措施。注重细节与持续改进，使安全理念与行动贯穿于生产全过程，只有这样才能真正建立起完备高效的安全保障体系。

首先要对各作业岗位的工艺流程与设备布局进行安全评估。这需要识别不同岗位各工序中的危险源与瓶颈，评估其危险性程度，这为安全防范措施的提出提供了基础。安全评估需要配合专业评审人员与第三方机构开展，以确保评估的全面准确。

要制定安全操作规程和事故应急预案。操作规程需要在识别危险源的基础上详细制定，并定期培训与检查。应急预案需要根据不同事故类型和危险程序设计，并组织演练，提高应对能力。规程制度的严密性是安全工作的重要保障。

要根据不同岗位要求选择符合标准的安全帽、防护服、口罩、防尘眼镜以及防滑鞋等装备。关键区域应配置必要的防护与报警装置，最大限度杜绝人身伤害事故的发生。安全装备的提供是保障人身安全的重要一环，也是安全工作实效的重要体现。

要制定作业安全的巡视检查机制，选择关键岗位开展定点监督，同时加强对事故案例的分析研究，定期进行安全预防与指导。也需要定期约谈作业人员，收集意见与建议，不断提高安全防范措施的针对性。工艺更新与设备变更后也需要进行安全评审。全方位的安全监控可以发现问题的初期迹象，最大限度控制安全事故的发生概率。

第三，生产效率的流程设计

生产效率的提高是生产部门的核心目标之一。生产效率的流程设计需要在对生产体系全面理解的基础上，开展工艺优化与改造，强化生产管理与过程监督，并构建起与效率挂钩的考核机制。

首先要对生产工艺与设备进行成本效益分析。这需要计算不同工艺路线与设备选择在成本投入与产出效果上的差异，为效率优化方案的制定提供参考依据。分析结果应作为工艺改进和设备更新的重要判断因素。

要在成本效益分析的基础上，对工序顺序与设备配置形式进行重新设计，简化流程，减少中间环节与手工操作，实现自动化和连续化生产。

要汇总各销售订单需求，合理安排生产数量与进度，特别需要对关键工序实施定时定量管理，避免瓶颈出现。同时，需要加强对原材料与零部件供应的管理，确保生产活动的连续稳定。

要制定生产过程管理办法，选择关键工序实施定点监控，并定期开展效率评估，发现问题并改进。同时应对生产班组与作业人员进行定期考核，将生产效率与个人业绩挂钩，营造共同提高的氛围。全面程序的监督考核可以及早发现管理漏洞或操作不规范，并作出针对性改进。

仓储物流部门流程设计：入库、存储、出库、盘点、调度流程设计中的动线优化

仓储物流部门想要做好仓库管理工作，必须有包括入库、存储、出库、盘点、调度在内的清晰的工作流程，能让仓储相关的工作人员对流程一目了然、清晰明确，并让他们做事有据。

第一，入库、存储、出库、盘点、调度的流程设计要点

仓储物流流程设计的重点在于实现高效、准确、安全的作业过程与货物转运。这需要仓储物流部门从入库、存储、出库、盘点与调度等环节着手，构建规范高效的流程管理机制。

在入库流程设计上，需制定严密的验收标准与工艺规程。质量检验和数量核对是入库的前提，此过程直接影响仓储货物的性状与仓储数量的准确性。流程设计应选择高效的机械设备与布局进行，这样能提高作业效率。

在存储流程设计上，需科学配置不同温度与货类的储存区域。合理使用

仓储空间与装置，方便货物的分类与存取，可以保证货物的质量与安全。流程设计中应规定切实可行的、具体的储存管理与监控措施。

在出库流程设计上，需根据销售订单与发运计划进行作业安排。出库作业需要快速准确完成，原则上应采取先进先出的原则进行管理。流程设计应选择高效的机械设备与作业工艺进行，这对实现准时交付与提高客户满意度至关重要。

在盘点流程设计上，需制定全面准确的盘点方案与流程。需要通过系统管理与人工复核相结合的方式开展定期与不定期的盘点，盘点结果应作为管理效果的反馈与改进依据。盘点流程的严密性影响数量信息的准确性与货损、货差的控制。

在调度流程设计上，要厘清各环节之间的衔接与依赖，妥善安排人员与设备资源。调度工作直接关系到各项作业的协调一致与效率最大化，其科学性与精细程度的提高可以大大发挥仓储空间与装置的效用。因此流程设计应在调度环节上根据入库、出库计划与实际作业情况制订详细的调度方案。

仓储物流流程设计需要全面系统地考虑上述各个作业环节与过程之间的衔接，构建规范高效的管理体系与执行标准。只有在标准化作业的基础上不断优化与改进，持续监控与优化，才有可能实现安全准确与高效连贯的流程管理目标。

第二，仓储物流部门中的动线优化流程设计

动线优化流程设计是仓储物流流程设计中的重要内容，其目的是实现快速、连贯、安全的货物流转与作业过程。这需要遵循不迂回、不交叉与动线最佳化的原则。不迂回就是防止无效搬运；不交叉就是避免动线冲突，搬运不安全；动线最佳化其实就是确定货物的摆放位置，让其在仓库的"行走"路径尽可能短、直接，不重复运动，这要根据仓库具体的结构、货物的种类来设计，没有固定的标准。

现代仓库从运输周转、贮存方式和建筑设施上都非常重视通道的合理布置、货物的分布方式和堆积的最大高度，并配置经济有效的机械化、自动化存取设施，提高贮存能力和工作效率。因此，动线优化流程设计应在仓储结构设计、布局规划、机械选择与具体作业区域设置等方面着力，构建出高效的作业流程。

在仓库结构设计上，需合理划分不同的功能区并设置相应通道。需要根据不同货类、温度要求与作业类型，设计入库区、储存区与出库区等专区，并在各专区内部采用类似的布局方式，设置单向畅通的通道系统，避免出现死角或折返。

在仓储布局设计上，须避免交叉设置，这需要按顺序设置入库通道、储存通道与出库通道，实现不同作业流程的有序衔接。同时机械操作道路与货架通道应采用顺直或平行的设置方式，防止交叉或交会，以利于作业效率和安全。

在机械设备选择上，要考虑不同机械之间的动线衔接与要求。这需要选择操作范围广、自主导航能力强的机械设备，并根据作业区域设置相应的运输通道或操作空间。同时也需考虑不同机械设备的运作节奏与速度，防止相互干扰或空载，实现动线的最优化。

在作业区域设置上，应根据机械设备的选择与作业要求进行设计。高频作业区应设置专用通道，便捷机械作业与运输。同时储位或货架的具体设置也需考虑相关机械的动线要求，避免机械的频繁转向与停顿，实现动线最佳化。

客服部门流程设计：客服标准动作设计与售前、售中和售后相关流程

客服部门的流程设计主要包括客服标准操作流程的设计，以及售前、售中、售后相关流程的设计。客服部门流程设计涉及客户全生命周期的各种服务，这需要从详细分析客户需求出发，设定标准流程与具体项目，并在执行过程中持续关注客户反馈，不断检讨与改进，始终如一地提供高质量服务。这也是现代企业竞争的重要手段之一。

第一，客服标准操作的流程设计

客服标准操作动作设计是客服部门流程设计的基础，其目的是实现一致的服务质量与体验。该流程的设计需要从理念、语言到具体程序与规范等方面进行制定，并通过培训与考核等手段不断强化与改进，确保在理念传达的基础上形成一致的行动与习惯。客服标准操作规范的制定与执行是实现全渠道一致客户体验的重要保障，这需要客服部门采取系统的思维不断优化与创新。这也是现代企业提高品牌形象与客服质量的重要手段。

首先需制定统一的服务理念与语言风格。要根据企业品牌与市场定位，设定客服人员应具备的服务态度、语言表达方式与核心价值观。

在此基础上，需规定标准的问候语与自我介绍。要设定统一的接听问候与自我介绍的内容和形式，突出重点信息与企业特色。

应制定详细的电话接听与再联系程序。这需要设定统一的问候、自我介

绍后电话接听的流程、记录客户资料的内容与格式、未接听电话的再联系规程等。

还需要设定其他标准操作规范，如客户咨询分类与对应框架、服务承诺与兑现流程、投诉处理程序、相关资料的制作与提供规范等，标准操作规范应覆盖客服的全过程，确保一致的理解与执行。

除了书面规范外，也应加强培训与考核。要定期对客服标准操作规范进行培训，并在客服人员实际工作中进行考核与监督，发现问题及时改进并反馈。通过培训与考核，不断强化客服人员对标准操作规范的理解与贯彻。

第二，售前、售中、售后相关流程的设计

客服部门的流程设计需要涵盖售前、售中与售后三个阶段，只有这样才能满足客户全生命周期的需求。这需要深入分析不同阶段客户的需求与诉求，设定相应的服务项目与管理流程，并通过培训与监督确保流程顺利执行，利用客户反馈持续检讨与优化。

在售前阶段，需提供产品咨询与推荐服务。要制作详细的产品说明与比较材料，训练客服人员让其能熟知所有产品参数与优势，并在准确定位客户需求之后作出推荐。同时也要设计产品体验或试用项目，使客户真切感受产品价值。售前服务的设计直接影响客户的购买决策。

在售中阶段，需提供及时的订单处理与物流服务。要与销售部门及物流部门密切协调，确定详细的订单确认、发货通知、物流查询与跟踪等流程。同时也要提供上门安装与调试指导，使客户顺利使用产品。售中服务的衔接直接影响客户的购物体验与满意度。

要清楚地认识到，优秀的售后服务是下一次售前的良好开端。在售后阶段，须提供全方位的售后服务支持，要设定明确的产品保修条件与流程，并提供全天候的售后响应与支持。同时也要定期对产品使用状况进行回访与跟踪，不断改进服务设施与项目。售后服务的全面实施是维护客户关系，并确保满意度的重要手段。

除了服务项目与流程的设计外，客服部门也应该加强培训与监督。要定期针对不同阶段的服务要素进行培训，强化客服人员的专业知识与技能。同时也要加强对服务执行过程的监督考核，发现问题及时改进。唯有通过系统培训与监督，并运用反馈不断改进，流程设计才能真正发挥作用。

行政部门流程设计：文件、档案、报表、印章、证照、设备一个都不能少

行政部门的日常工作涉及文件、档案、报表、印章、证照、设备及接待、上传下达等各个方面，工作繁杂，是多个不同职能部门之间的连接器。流程设计不仅要涵盖这些内容，同时也要具有高效性、规范性与连续性，成为不同职能之间的加速器。行政部门的设计要从工作全局出发，系统考量工作各要素之间的关系，积极运用管理手段，建立持续改进的机制，并始终如一地实施与优化。

第一，行政部门流程设计的内容

行政部门流程设计内容涉及工作内容的确定、执行标准的制定、管理机制的建立与持续改进等方方面面。这需要设计者具有系统的思维，在掌握工作全局与内在联系的基础上，从细节入手，逐步推导出一致高效的管理体系。

在工作职责与内容的设计上，要对行政部门的各项工作进行全面梳理，

明确各岗位的主要职责与具体工作内容，制定工作说明与规范。工作内容的清晰有利于责任的定位与工作的连贯开展。

在工作对象与范围的确定上，要根据企业的组织结构与管理要求，划定各工作流程涉及的对象与范围，制定相应的管理措施与联系方式。工作对象的准确定位有利于服务的精准提供。

在标准流程与程序的设计上，要对每项工作内容进行详细分解，确定各个步骤的操作方式、所需资料、执行主体、结果输出及校核机制等。标准流程的设计有利于工作质量的控制与一致性。

在管理机制与监督体系的设计上，要定期对工作流程执行情况进行检查，发现问题及时改进与反馈。同时也要建立相应的投诉管理机制，确保各项工作的顺利开展。管理机制的运行有利于问题的发现与整改，保证工作的连续性。

在培训与经验交流制度的设计上，要针对标准流程与规范定期进行培训，创建交流平台，促进工作经验与信息的分享。培训与交流有利于管理理念与方法的更新，达成最佳工作状态。

在改进机制的设计上，要在工作执行中收集反馈与建议，研析实践中出现的新情况，并在原有标准的基础上不断优化与调整。持续改进有利于管理方式的适应性提高与最终管理目标的实现。

第二，行政部门流程设计基本要求

行政部门的流程设计主要目的是实现管理工作的高效、规范与连续性。这需要全面细致地考量工作内容、对象与标准，并在执行中建立严密的管理机制，加强培训与交流，通过不断检验与改进，确保各项工作高效连贯地开展。

首先要明确各项工作内容与职责范围，要对行政工作进行全面梳理，确定各岗位职能与要求，制定相应的工作说明与规范。工作内容的清晰有利于职责的分割与执行。

要确定各项工作的对象与范围，要根据企业组织结构与管理要求，划定各工序的操作对象，制定相应的管理措施与手段。工作对象的明确有利于职责的具体落实与服务的准确提供。

要设定标准的管理流程与作业程序，要对每一工作内容进行逐步分解，确定各步骤的操作方式、所需资料及结果输出等，并制定相应的审核与校对机制。标准流程的设计有利于工作质量的控制与稳定。

应建立有效的管理机制与监督措施，要定期对工作执行情况进行检查，发现问题及时改进与反馈。同时也要对突发情况或客户投诉进行及时响应，并在执行中积累经验，不断优化流程设计。管理机制的建立有利于问题的发现与整改，能保障工作的连续性与一致性。

除具体工作外，还需加强培训与交流，要对标准流程与规范进行不断培训，促进员工之间经验与信息的交流共享，最大限度发挥团队效能。培训与交流的开展有利于工作理念与方法的更新，达到最佳管理效果。

第三，行政部门流程设计方法

行政部门流程设计的方法主要包括工作分析、流程规范、管理监督与持续改进等方面。这需要从工作全局出发，采取系统的思维方式设定详细可行的流程实施办法。

首先要明确各岗位职责，梳理工作内容，确定操作对象与标准，厘清工作程序等。工作分析需要采取自上而下的方法进行，在理解工作内在逻辑的基础上推导各个步骤与要素。这有利于工作程序的科学性与连贯性。

要对每一工作内容进行详细的步骤设计，确定各步骤的责任主体、操作方式、资料要求、结果输出与校核方法等。流程标准的设计应鼓励员工参与，吸收他们对工作的经验与建议。标准的形成有利于工作的质量控制与效能提高。

要定期对工作流程执行情况进行检查，发现问题要及时改进与反馈。同时也需要建立客户投诉等应急管理机制，确保各项工作的连续性与一致性。

要收集员工与客户的反馈与建议，研析实践中出现的新情况与问题，并在原有流程标准的基础上进行更新与创新。持续改进需要建立长期的学习机制与优秀文化，促进更符合实际与更高效的管理方式的产生。

第七章　流程执行：用流程约束人，并让人正确地做事

流程执行的核心在于用流程约束人，并让人正确地做事。要使流程真正发挥约束作用，还需要管理者通过目标导向、过程管控、激励约束以及持续优化等手段，使流程在组织管理中发挥应有的作用，使人的行为符合流程要求。为此，本章立足于实务，讨论了流程有效执行的保障性措施，执行前对流程进行宣贯与培训，将各部门所有工作环节纳入系统，通过绩效牵引让员工按流程做事，用 IT 手段固化流程以增强流程执行力，从指标结果监控流程执行情况，以及实施全流程管理等议题。

流程有效执行的保障性措施

流程管理就是使设计好的流程体系能够有效、高效地得到执行，让公司真正受益。而流程的有效执行则体现了流程设计的价值，提升了整体的工作效率，促进了流程改进和优化，从而使企业在运营过程中实现流程端到端的运作，这恰恰是流程管理的价值所在。但在流程实际运行过程中，由于各种因素导致流程执行的实际情况与流程设计最初的愿望不符，需采取相应措施

保障流程的有效执行。主要有以下几种措施：

第一，落实三大角色的管理职责

在流程管理的组织中，一般会涉及高层领导、流程管理部门、流程执行部门这三个角色，它们各自有不同的职责，一般三者会相互促进，把流程管理落到实处。这是流程有效执行的最大保障，也是现代企业实现高效运转的重要环节。

高层领导应及时跟进流程执行进展与结果，对出现的问题给予指导。要根据企业整体目标，对流程管理部门施加适当的压力，促进其持续改进；要树立管理理念，为流程改进与创新营造宽松的环境。高层领导的关注与支持，是流程顺利推进的重要保障。

流程管理部门作为流程设计与监督的中坚力量，需要密切关注流程实施效果，对执行中出现的问题与反馈进行研析，并在原有流程标准的基础上进行修订与改进。要保持灵活与开放的态度，定期检讨流程的科学性与实用性，并结合企业目标及时进行调整更新。流程管理部门的严密性直接影响流程执行效果。

流程执行部门作为流程实施的主体，要严格按照流程标准进行操作，并将实施过程中出现的新情况或问题及时反馈给流程管理部门。要积极配合流程管理部门开展的考核与培训，不断强化对标准流程的理解与执行。流程执行部门的主动与紧密配合，是实施标准流程的基础。

第二，完善流程实施的对应制度

流程实施的对应制度主要是流程支持制度和流程管理制度。前者确保流程操作有章可循，严格规范流程的关键控制点，确保流程执行符合流程设计理念；后者统一了流程标准，明确了流程实施管理机制和奖惩规则，使流程得以高效实施。

在流程执行中，完善流程配套制度和管理制度主要是在职责、资源、文件、考核、培训等方面配套，形成一个运作有序、各要素衔接的管理机制。

一是明确流程中的岗位设置和职责。具体可以生成岗位说明书，定义每个岗位的角色、义务和责任范围，同时指定流程的发起人、执行人、监督人等，让参与者明确自己在流程中的作用。

二是配置流程执行所需要的资源，包括人员资源、技术资源、经费资源等。资源要匹配流程的需要，不能出现缺乏或过剩的情况。

三是建立规范的业务文件和操作手册，如流程图、工作手册、操作标准等。这些文件要及时更新，指导流程的具体执行。

四是建立科学的绩效考核机制，通过监督和评价流程的执行，促进流程的持续优化。考核要聚焦流程的每个环节，了解执行情况和提出改进措施。

五是开展相关的培训。通过培训，确保流程的每个参与者都理解流程全貌和自己的工作职责，培训方式要多样，提高员工的业务素质。

六是根据业务变化进行制度的检验和修订。随着时间的推移和工作的调整，流程配套制度也需要进行检讨和修订，以保证它的有效性。

第三，推动业务流程实现电子化

业务流程实现电子化，能够确保业务严格按照流程要求操作，同时保证流程质量稳定、可靠。企业管理者要准确把握发展机遇，在流程再造中发挥电子信息技术的优势。

业务流程电子化，是一个涉及技术、制度与人员的系统工程，需要在以下几个方面下足功夫：

一是构建数字化的流程平台。按照流程重新梳理业务活动，建立电子化的工作流程和操作平台，这可以实现流程的标准化和可视化，优化人员的工作路径。

二是建立电子档案管理制度，实现纸质档案向电子档案的转变，制定电子档案的归档标准和操作规程。这可以提高信息的共享度和保密性，也方便流程审计。

三是选择安全高效的信息技术，应选用能够满足公司业务需求的办公自动化系统和信息安全设备。这关乎流程电子化工作的顺利开展和信息安全。

四是改造业务传统处理方式。利用信息技术改造传统的业务处理方式，实现自动化和智能化。这可以减少重复性工作，提高工作效率和质量。

五是开展电子化培训。对公司所有员工进行电子化培训，熟悉电子流程平台和信息系统的操作。这是推行业务流程电子化的基础。

六是建立稳定可靠的保障机制，制定电子化文件与数据的备份、防火墙、访问权限等管理制度，并定期进行演练以检验这些机制的有效性。这可以确保电子流程平台和信息系统的稳定可靠运行。

第四，建立流程执行情况的问责机制

问责机制强调结果导向，层层有责，事事问责，要给流程执行人员充分的约束力，与此同时，也要能反思流程存在的问题，促进流程的进一步优化。

建立流程执行的问责机制，需要在职责的设定和考核上下足功夫：

在流程设计阶段，要明确每个步骤的职责主体，包括流程的发起人、执行人、监督人以及审批人等，这些人员应该对自己在流程中的角色和任务有清晰的认知。相关职责要具体写入岗位说明书或操作手册，作为工作的依据。

在流程执行中，每个参与者都要对自己的工作成果负责。这要求在流程的每个关键节点设置检查机制，对工作的进展和质量进行监督，并及时反馈与纠正。在出现问题时，还要查明责任并进行绩效考核。

　　绩效考核要针对流程全体参与者，通过定期对工作成果的检验，来考察其在流程中的履责情况。考核要评估工作是否达到流程标准和职责要求，并根据评价结果进行激励或惩处。这也要求流程标准和岗位职责具有可操作性，可以被视为衡量工作成果的依据。

　　绩效考核还需要对问责机制本身进行检验，如果出现责权不配或问责不实的情况，要对制度进行修订与优化。管理者在构建问责机制时，既要站在组织的角度，也要站在操作者的角度，在效率与公平之间寻求平衡。

　　在问责落实后，还要建立相应的奖惩机制。通过对优秀工作成果的奖励，激发员工的积极性；通过对失职工作的惩处，确保工作质量。奖惩结果要反馈到绩效考核中，以促进问责机制的持续改进。

执行前对流程进行宣贯与培训

　　流程执行前的宣贯与培训是确保流程顺利实施的重要环节。宣贯与培训工作要全面和深入，要通过解释、制度、演练等手段，对流程的设计思路、关键要素与操作规范进行再度渗透，确保执行者在理论与技能上掌握流程，做到心中有数、手中有术。

第一，流程执行前的宣贯

　　流程执行之前，进行流程宣贯是非常必要的。管理者在流程设计后和执行前，要抓住这一关键时期，通过流程宣贯，让流程的执行者对流程有一个清晰和准确的认知，为流程执行作好充分的准备。流程的宣贯主要可以采取以下措施。

一是召开流程启动会。参会者应包括管理层和流程操作者，要明确流程的目的、范围、职责配置以及操作要点等，解答大家的疑问，达成共识。这有利于对接下来的工作产生整体把握。

二是完善流程相关制度，包括完善流程图表、工作手册、岗位说明书等。这些文件应该明晰易读，覆盖流程各个环节的要求和标准，为操作者提供详尽的操作指引。

三是进行事前演练。在正式执行流程之前，采取模拟的方式演练一遍整个流程，这可以检验流程设计的可行性，发现存在的问题，为正式执行作好充分准备。

四是赋予操作者适当的权限，让操作者在流程启动之前有机会熟悉工作环境和资源，提出自己的意见和建议。这可以增强操作者的主动性，也有助于流程执行的连贯性。

第二，流程执行前的培训

流程之所以能够被有效执行，是因为流程设计能够被流程执行人员所理解。而流程培训，是使流程人员理解流程"是什么"和"为什么"的重要途径，这一点在整个流程执行中是非常重要的。

流程培训要让执行者理解流程"是什么"，即流程的整体框架和各个步骤。这包括流程的起点和终点，关键的节点与活动，以及每个步骤的输入与输出，只有对流程全貌有清晰的认知，执行者才能在操作中牢固掌握流程的脉络，理解各自工作的重要性。

流程培训要让执行者理解流程"为什么"。简而言之，就是理解流程设计的目的与意图，每个流程背后都存在它要满足的目标或达成的结果。作为执行者，理解这些目标可以更好地把握流程各个环节工作的要点，发挥主观能动性，而不会机械、僵化地执行流程。

　　流程管理的培训不应该是一个简单的步骤演示，更应该是属于业务和制度的再训练，通过案例分析、实操演练等方式，让执行者理解流程要达成的管理目的和业务目标。培训中要提出针对性的问题，激发大家的思考，而不只是单向地灌输知识。另外，培训内容也要不断更新，因为业务会随环境变化而调整，流程的目的和步骤也会适当改变。定期对流程执行者进行再培训，确保他们的知识与现实业务能够匹配，是完善流程管理的重要工作之一。

大流程老板抓，小流程总监抓

　　大流程老板抓，小流程总监抓，反映了流程管理中的分工原则。流程管理需要有专人从高层进行统筹规划与把控，这是流程管理中"老板"的要义，要对流程管理的每个阶段都有清晰的认知和要求，确保各个部门与岗位的工作方向正确且一致。同时，为落实大流程，还需要对各项工作进行细致安排与跟踪检查，要对流程的每个步骤都心中有数，通过案例与经验指导具体操作者开展工作。这就是流程管理中"总监"的核心职能，要在大流程的框架内，推动每个小环节的日常运转。

第一，老板如何抓大流程

　　老板抓大流程，需要在以下方面下功夫：

　　在流程设计阶段就要主导流程框架的制定，包括流程全貌的梳理、关键节点的识别以及资源配置方案的确定等。要在专业知识与管理经验的基础上，综合各方意见，作出权衡的决策，确保框架设计的科学性与协同性。

　　要确定流程管理的总体目标和范围。目标要聚焦业务需求与发展方向，范围要涵盖相关部门与岗位。这需要老板从战略高度全面审视业务，理解管理现状与面临的挑战，在竞争需求下制订切实可行的流程管理计划。

　　要选择与培养具有专业素养的管理团队，团队成员既要具备较强的业务头脑，又要掌握管理理论与技巧。老板需要不断主持团队的能力建设，通过论证讨论的方式达成理念共识，并在关键业务上放权给团队成员进行实践，以提高其管理能力。

　　要建立科学的管理机制，这主要包括组织机构设置、规章制度、信息技术应用、绩效考核等，这些机制要匹配流程管理的目标与范围，为流程运行提供体系保障。机制还需要随业务调整而及时更新，这要求老板对业务发展动态保持敏感，并有效地转化为管理要素的制度创新。

　　要进行内部沟通，让管理理念深入人心。这包括召开说明会释疑解惑，开展系列培训提高认知，举办案例研讨会拓宽思维等，老板需要抓住每一个交流机会，通过亲和的方式表达管理思想，让理念转化为参与者的自觉行动。

　　要建立激励与问责机制，通过对优秀业绩的奖励来激发员工工作热情，通过对失职行为的问责来确保工作质量。奖罚制度的设计与执行都需要老板把关，要在效能与公平之间把握平衡，促进人员的主动性与责任感。

　　此外，老板要在执行过程中发挥监督与指导作用。这需要老板对流程运行情况保持动态的了解，对每个环节工作的进展与成效都有所掌握，在存在问题时及时作出判断，进行干预与修正。老板要通过管理会议和工作汇报等，推动各部门与岗位在理念与行动上达成一致，帮助他们解决执行中的难点与困惑，也要负责流程的终结评估与改进决策，通过对执行效果的分析与检讨，理解流程存在的不足与局限，同时倾听使用者的反馈意见，在继续推行与修改之间作出选择。这要求老板对业务与管理都有宏观把握，能作出符合实际的判断与调整，不断提高流程的适应性与成效。

第二，总监如何抓小流程

总监抓小流程，需要在以下方面下功夫：

要深入了解流程管理的总体方案与每个步骤的具体要求。这需要总监对上级的管理思路与计划有清晰的认知，同时也要对流程操作的细节与标准心中有数。只有在宏观与微观上都有充分掌握，总监才能在各个环节中发挥好把关与指导作用。

在资源配置上，要根据流程步骤的要求与操作难易程度进行安排。这不仅包括人员的选择与配置，也包括各类管理工具的提供与运用。总监需要在资源调配上体现公平与效率，是确保每个小环节工作开展的必要保障。

在日常管理中，要不定期地对流程的运行情况进行检查。这需要总监深入工作现场，通过数据资料与真实案例来检验每一步工作是否符合流程标准。在发现问题时，总监要及时作出纠正与改进，必要时还要报上级进行修订协调。因此，总监就要具有敏锐的观察力与判断力，能快速查明问题根源并提出可行方案。

在技术指导上，要多在关键步骤与难点环节进行示范。这需要总监能准确把握流程管理的方法与技巧，并以简明生动的方式进行讲解与演示。总监还需要花时间解答操作者在实际工作中的疑问，帮助他们理解流程要点与规避潜在困难。这有助于管理理念与技能的内化，也方便操作工作的连贯推进。

将各部门所有工作环节纳入系统

现实中，有一些公司在流程落地时，会出现各个部门都不配合，或者几个部门配合另外几个部门不配合的情况，导致具有系统性的流程无法运转，流程的价值也就发挥不出来。究其原因，是公司对不同部门没有动员到位，流程执行的好处没有结合各部门的利益宣贯到位，大家心里并不知道用这个有什么好处。要想让流程真正发挥作用，将各部门所有工作环节纳入流程系统，是一个切实可行且非常有效的方法。

第一，弄清公司各部门工作与流程管理的关系

公司各部门工作与流程管理有着密切的关系，它们相互依存、彼此促进并逐渐共生。公司管理者需要构建一套宏观的流程化管理框架，并推动各部门在理念上统一、在行动上配合，不断提高流程的贯穿性和连贯性。

每个部门的业务范围和职责可以界定为一个个的工作环节，这些环节通过输入输出的相互连接构成完整的业务流程。流程管理需要根据部门工作的实际情况来设计和调整，将各项工作有机整合。

流程管理制定的标准和规范需要各部门在日常工作中实施。这就要求部门及其员工理解和熟练掌握流程体系，并以流程要求为依据开展具体业务。各部门在工作上需要向流程靠拢，确保流程管理的连贯性。

部门的工作成效不仅体现在各自业务上，也体现在协同工作中，特别是对上下游部门的配合支持。这要求部门管理者在绩效考核上加大对跨部门工作的考察，这有利于促进部门在流程理念和行动上达成一致。

为实现流程目标，各部门不能孤立工作，需要在关键环节上进行信息共享和工作协调。因此，部门管理者要建立定期的工作交流机制，就流程运行情况进行广泛的意见征集和问题解答。这有利于厘清工作关系，提高工作质量。

部门之间可以建立兼职和轮岗机制。兼职可以增进部门管理者和员工对公司其他业务的了解，有利于在流程设计和运行上采取整体性考虑。通过岗位轮换可以实现知识和经验的共享，有助于公司流程体系的完善。

第二，将各部门所有工作环节纳入流程系统的途径和方法

将各部门所有工作环节纳入流程系统，需要在流程体系的设计、制度创新、培训实施以及监督机制上下功夫。这是一个系统工程，需要管理者统筹规划和持之以恒地推进。

每个部门的业务范围都要清晰，要对部门内各项工作的输入、过程、输出进行梳理和界定，识别彼此之间的关联与依赖，以便将相互联系的各项工作整合为一个完整的流程体系。

设立流程管理组，负责具体方案的制定。流程管理组要由部门管理者和业务骨干组成，在充分调研和论证的基础上，设计覆盖各项工作的流程框架和执行路径，并将之细化为可操作的流程标准与文件。

要根据流程管理组的方案，修订或制定部门的组织机构、岗位职责、业务规程等，使之与流程体系相匹配。这可确保流程在制度保障下得到有效实施。

要加强流程培训。通过演示、实操、案例分析等多种方式，对流程体系进行全面和系统的学习与培训。这可提高部门内员工对流程的认知和熟练度，为日常操作工作打下基础。

要定期对流程执行情况进行检查测评，监督流程的贯彻情况并检验执行效果。同时，要将流程完成情况纳入部门绩效考核，作为评价员工工作效能

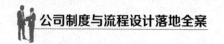

的重要依据。这有助于促进流程观念的内化和工作质量的提升。

通过绩效牵引，让员工按流程做事

科学的流程绩效考核体系和管理实施，是推动员工按流程行事的关键所在。该体系的建立与实施，可以充分体现流程管理的要素，不断强化员工的流程意识和责任感，促进工作思想和行为与流程要求的高度匹配。

第一，流程绩效考核体系的建立与管理实施

科学的考核体系设计和管理实施是体现流程管理成效的关键。管理需要在设计理解、操作公正和结果运用上下足功夫，通过与员工的广泛沟通来提高考核的认知度和认同度，并在奖励或调整措施上产生实际作用，真正发挥出考核的激励和推动作用。

建立流程绩效考核体系需要管理者从设计上下功夫，管理实施上也需要注意以下几点：

要在考核方案设计完成后，通过专题会议或培训等形式向员工进行详细的说明和解释。包括考核对象、内容、标准和流程等，让员工清楚自身需要达成的绩效要求和流程遵循情况。

在考核实施过程中需要严格遵照事先设定的方案和标准进行，避免主观臆断，做到公正公允。而考核结果也需要针对员工提供的报告资料或现场情况进行详细论证，让员工理解考核结论的形成原因。

要在考核结束后及时向员工反馈考核的具体结果，要根据考核报告详细说明员工在流程执行和业绩完成方面存在的问题和不足，并听取员工的意见与解释。这可以增进双方的理解，也便于下一阶段工作的改进。

要根据考核结果确定奖励办法或处罚措施，需要在资源或权限上进行适当调整，如增加投入、改变工作内容或调整岗位等。考核需要产生实际效果，这要求在结果运用上与资源管理相结合，产生实效。

第二，将员工做事的结果纳入绩效考核

通过绩效考核来牵引员工按流程行事，需要在考核内容设计上体现流程重视，在考核实施中强化流程遵循，并采取奖罚结合的办法，努力培养员工形成自觉遵守流程的工作习惯。

将流程完成情况纳入常规考核内容，这需要设定员工在流程执行和遵守方面应达到的目标或标准，如流程步骤的完成率、执行质量的评分等。这可直接将流程融入日常工作之中，成为员工业绩考量的一个重要方面。

在流程执行的关键节点上设置奖励措施，对员工在流程的设计、试运行阶段及时发现并解决的问题进行奖励。这可激发员工主动寻找流程存在的不足，促进流程向着更加科学合理的方向发展。

建立不定期的流程检查机制，要安排专人不定期地对员工执行流程的情况进行检查，如使用现场观察、数据检验等手段，发现未按流程要求进行工作的情况予以记录并纳入考核。这可使员工养成遵循流程的习惯和意识，确保工作的规范化。

将违反流程的行为列为考核的负面因素，针对未经允许擅自修改流程步骤，或在工作中故意不遵循流程要求的情况，要在考核结果中作出扣分或警告处理。这可进一步强化流程意识，提醒员工认真对待流程规定，养成遵规守纪的工作习惯。

在考核结果中对优秀员工进行奖励，对于在流程执行中作出突出贡献的员工，如提供改进意见被采纳或在工作中有创新性做法等，在绩效考核中应给予积极的评价和较高奖励。这可鼓励其他员工主动学习和运用流程知识，促进流程管理成效的提高。

根据流程调整的需要不断更新考核方案。流程管理是一个动态的过程，需要根据业务变化和实施效果不断修订和改进。这就要求管理者能及时调整和更新与流程相匹配的绩效考核方案，如在流程调整后及时修订考核标准和方式，重新对员工进行培训和解释等。这可确保考核方案始终符合流程管理要求，保证流程与激励机制的有机结合。

用 IT 手段固化流程，增强流程执行力

流程管理系统要发挥优化资源配置和加强过程管控，并提高组织运营效率，需要企业管理层在系统引入和应用上下功夫，发挥技术效能，推动企业流程管理整体提质增效。而 IT 手段为流程管理提供了系统平台和自动化手段，管理者应充分运用，促进流程在线化、自动化和数据化，加强监控和过程优化，提高流程执行力，不断增强企业运营效率。

第一，IT 手段在流程执行过程中的作用

IT 手段在流程执行过程中具有重要作用，它可以固化流程，为流程管理提供技术支撑和平台保障，可以使流程电子化、自动化和数据化。这大大增强和提高了流程的可操作性和管理水平，有利于持续提高组织的运营效率。

IT 手段可以推动流程的电子化和自动化，这不仅可以减少差错和保障流程的连续性，也可以提高流程的执行效率。自动化程度越高，流程执行力越

强。这需要企业选择适用的流程管理软件，实现流程的系统化管理和高度电子化。

IT 手段可以实现实时和准确的流程监控，这有助于管理者及早发现流程运行中的问题，及时采取措施进行修正和预警，保证流程按预期轨道运行。监控手段越强大，流程管理的针对性越高，执行力也越强。这需要企业构建科学的流程监测指标体系，并选择具备强大统计和预警功能的管理软件。

IT 手段可以将流程中的各类信息实现数据化和可视化，这可以为流程优化和改进提供数据支撑。管理者可以通过大数据分析找到流程运行的"痛点"或未利用的资源，"一图胜千言"，直观的流程图更易于员工理解和遵循，对流程的执行力就越强。这需要企业在流程再造中注重数据统计和分析应用。

第二，运用 IT 手段构建流程管理系统

运用 IT 手段构建的流程管理系统，可以在流程的制定、执行和监控方面提供有力支撑。这不仅能够优化资源配置和加强过程管控，也能为企业管理层改进决策和不断提高组织运营效率提供重要手段。它要求企业管理者在系统引入和应用上要精益求精，力求发挥足够的技术效能，推进企业流程管理工作整体提质增效。

运用 IT 手段将流程在线化和可视化。通过建立流程管理系统，将各项工作流程进行在线描绘和还原，形成清晰的流程路线图和各节点责任描述。这可以直观反映流程的全貌，便于员工理解各环节的依赖和要素，有利于规范工作行为。

运用 IT 手段实现流程的电子化和自动化。通过系统可以将各类表单、审批流程等实现电子化，在线完成各环节的工作记录和任务分配。部分工作还可以实现高度自动化，如流程任务的发送提醒等功能。这不仅节省了资源，

也减少了人为差错发生的可能性，提高了流程的连贯性。

运用IT手段实现流程的监控和预警。流程管理系统可以在各关键节点上设置检查点或里程碑，实时监控进度情况和质量要求的达成情况。一旦发现偏差会自动送出预警信息，以利于管理者采取纠正措施，保证流程的顺利完成。

运用IT手段进行流程的数据分析和总结。通过系统收集的各类流程数据可以进行统计分析，如各环节的平均时间、问题发生频率分析等。这可以帮助管理者了解流程运行全貌，发现流程执行的薄弱点，有利于流程的持续优化与改进。

运用IT手段实现知识和经验的积累与共享。流程管理系统作为企业各类业务流程的集聚地，其中蕴含了企业的流程设计经验和实施技巧，这为新流程的设计或现有流程的改进提供了宝贵参考的同时，也方便了企业实施流程再造，早日实现业务流程的标准化和最佳化。

监控关键指标，从指标结果监控流程执行情况

关键指标结果与流程执行情况关系十分密切，通过建立关键指标监控体系，可以持续跟踪流程执行情况，深入了解流程运行状态，并在第一时间发现问题。同时，还需具备根据监控结果进行流程优化的能力，将监控结果转化为改进流程的动力和依据。应充分运用信息技术，将其作为关键指标监控提供系统平台和分析工具。这可以帮助管理者实时了解流程运行状态，发现"痛点"，及时介入和优化调整，不断提高流程管理水平和组织运行效率。

第一，关键指标与流程执行的关系

关键指标监控与流程执行之间的关系密不可分。管理者要在理解流程的基础上，建立自动化的监测系统，实现全面且准确的数据采集，并在数据分析与预警处置上下功夫，发现问题所在，针对关键节点采取有效措施进行改进。

关键指标完成率的高低直接反映流程的执行成效。各关键节点完成率达标表示流程高效执行，如果完成率较低则表示流程执行受阻，成果难以实现。管理者需分析原因，是加强监管，还是提供帮助措施。

关键指标的达成时间消耗是否正常是判断流程执行的重要标尺，时间控制在标准范围内表示资源配置合理，流程高效推进，如果时间严重超标，则可能存在人员素质或工作量分配等问题。管理者需判断问题本质，进行培训或流程优化。

关键质量指标的达成情况直接反映着流程执行的水平，各节点质量指标达标表示管理水平较高，如果无法达标则相关环节的控制措施或执行要求需进行优化。这需要管理者具备分析问题与改进流程的能力。

关键指标预警信息的产生频率也是判断流程执行情况的重要依据。预警信息频繁出现，针对同一节点或同类问题，表明流程存在较多管理障碍或薄弱环节。这需要针对预警信息进行统计分析，解决问题根源，加强流程控制与监管，降低预警频率。

第二，从关键指标结果监控流程执行情况

关键指标结果可以持续监控流程执行情况，让我们深入了解流程运行状态，并随时发现问题，要达到这个效果就需要我们在节点选择、指标设定、数据分析和预警处置上下功夫。同时，要有根据监控结果优化流程的能力，使结果转化为改进动力和依据，还要在业务和技术上兼顾，既懂流程也懂应用监控工具，软硬实力结合推动流程管理持续提高。

通过清晰理解流程全貌，判断哪些环节执行对流程产生了关键影响，然后根据流程内容选取关键步骤作为监控重点。

采用数量化监控指标，如完成率、时间、质量达标率等。这需要清楚每个流程环节的执行标准，设定科学监控标准。数量化指标统计分析，容易让我们判断流程运行状态。

建立准确的数据采集和分析机制，定期收集关键指标执行数据，进行全面统计与分析，及时了解每个环节的执行情况。建立系统数据渠道，选择工具软件汇总分析数据，深入了解流程运行情况。

强化预警处置，发现问题并及时预警。要根据关键指标数据分析判断流程执行情况，一旦某节点指标严重偏离标准或有问题迹象呈现，立即向相关人员预警。这需要我们在数据分析上具备敏锐判断力，准确找出问题根源和采取针对性预防措施。

根据监控结果不断优化和调整流程。综合分析每个节点监控结果，发现流程执行中的主要问题，进行流程调整改进，如针对时间过长环节优化，质量难达标环节增加措施等。这需要我们具备流程优化设计能力，将监控结果转化为流程改进机会和依据。

建立关键指标监控体系可以持续监测流程执行情况，深入了解运行状态，发现问题。要根据监控结果优化和改进流程，使结果转化为体系改进的动力和依据，这需要在业务与技术上兼顾，理解流程又会运用监控工具，软硬实力结合将持续推动流程管理水平提高。

信息技术为关键指标监控提供系统平台和分析工具，应充分加以运用。要运用信息技术手段收集和分析关键指标数据，建立科学的数据采集与问题预警机制。这需要选择适宜的监控工具与分析模型，实现信息化与自动化，为判断流程执行情况和管理决策提供数据支撑。在数码时代下，信息技术已成为提高管理效率和决策质量的重要手段，必须跟上技术发展的步伐，将它熟练掌握与运用，实现管理创新突破。

从环境、目标最后到文化，实施全流程管理

战略决定了做正确的事，执行决定了正确地做事。全流程管理就是教人正确地做事。

第一，正确地做事与做正确的事的关系

正确地做事与做正确的事之间存在密切的关系，但也有一定的区别。

正确地做事着眼于流程与方法，强调事情按照一定的程序与步骤来进行，遵循规范的操作流程，这可以提高工作效率和质量，减少错误。做正确的事更关注结果与目标，选择恰当的行动方案来完成工作任务，达成预期目标。两者缺一不可，管理者既要确保工作按正确的流程来进行，又要采取适当的方法完成正确的工作内容。

正确地做事需要管理者制定科学合理的操作流程和控制措施，强调规范与程序。员工只有遵循流程标准，按部就班地开展工作，才能提高工作效率与质量。这就需要管理者在流程设计上下功夫，细致界定每个环节的输入与输出，管控标准操作程序，纠正员工的非标准操作，确保工作按既定的程序展开。

做正确的事更强调目标导向，需要管理者对工作的要素、环境及所需成果有清晰认识。只有选择恰当的方法和行动，才能完成预期目标。这需要管

理者在策略与方案上有清晰部署，准确判断实现目标所需采取的路径和行动，综合考量相关影响因素，指导员工采取正确的行动以完成工作使命。

正确地做事与做正确的事同属管理工作的两个方面，缺一不可，正确的流程可以提高工作效率，正确的方法可以实现预期目标。管理者需要在制定准确的流程和选择恰当的方法上下功夫，两者相辅相成，通过制度建设与策略导向促进组织目标的实现。

第二，通过全流程管理，实现正确地做事

所谓全流程管理，就是通过识别环境、明确目标、确立理念、搭建架构、描述状态、透视流程、聚焦重点、优化流程、发布手册、塑造文化的全流程管理方式，实现正确地做事。现简述如下：

识别环境：环境是实施企业全流程管理的一个基本前提，通过分析组织所处的内外环境，了解影响工作效率的关键因素。这有助于准确判断流程改进的方向和难点，做到知己知彼，树立正确的管理理念。

明确目标：全流程管理是为特定目标和特定对象服务的，要根据组织战略与使命，确定全流程管理要达成的关键目标。这可以对流程优化提供指引，鼓励员工围绕目标开展工作，形成良性的工作机制。

确立理念：全流程管理意味着要建立服务客户的理念，这是它的基本要求，表现为追求终端价值。这有助于在流程设计和优化中关注对客户的价值创造，提高组织的市场竞争力。

搭建架构：搭建流程架构和设计流程目录是全流程管理的系统工程，要根据组织结构建立相应的流程架构，将各个部门与岗位串联起来。这可促进跨部门协同，信息沟通畅通，使资源共享最大化。

描述状态：详细描述组织各流程的当前状态，它的本质就是每个步骤依据什么前提，输入什么资源，提供什么活动，以及输出什么成果的连续过程，并通过系列活动组合，实现特定管理目标。这能为进一步优化流程提供基础，并准确发现问题所在。

透视流程：根据流程的层级关系建立清晰的流程路线图，关注流程之间的接口与衔接，让那些看不见摸不着的业务过程显性化。这有利于从整体上把握工作流转全貌，发现不同流程之间的协调失调。

聚焦重点：全流程管理就是抓住重点，要找出影响流程效率和质量的关键节点，确定管理的重点与优化的方向。这可以避免在复杂的流程中迷失方向，科学配置管理资源。

优化流程：根据流程状况分析和环境变化，对关键环节和薄弱环节进行再设计与改进。这是实现正确地做事的关键步骤，需要管理者具备利用大数据再造流程的能力与眼光。

发布手册：将优化后的标准流程制作成操作手册与工作指南，加强培训与宣贯。这可以确保员工遵循新的工作程序，减少理解偏差，促进流程落地。

塑造文化：通过理念培训与典型案例，培育员工规范化与标准化的工作习性。新流程手册的颁布意味着流程设计工作的基本结束，也标志着流程实施工作才刚刚开始。这有利于全流程管理机制的内化与惯性，持续推动组织管理水平的提升。

总之，全流程管理要经过一个渐进的过程，管理者需要在每个阶段下足功夫，通过环境分析、目标导向、流程优化、制度创新和文化塑造等手段，实现工作的标准化和规范化，达成正确地做事的要求。

第八章　流程优化：对流程进行梳理、完善及改进

流程优化是一项策略，通过不断发展、完善、优化业务流程能保持企业的竞争优势。在流程的设计和实施过程中，要对流程进行不断的改进，以期取得最佳的效果。本章讨论了流程优化实施的基本步骤、业务流程持续优化、流程框架体系优化、优化作业流程手册、员工个人优化工作流程和提高效率的方法等，还简要介绍了标杆瞄准法、DMAIC、ESIA、ECRS、SDCA、ERP等流程优化工具，以期流程优化能够取得预期效果。

流程优化实施基本步骤：梳理、优化、尝试、推行、运营

作为常规的流程管理手段，流程优化相比流程再造有着更为成熟的做法和步骤，有梳理、优化、尝试、推广、运营五个基本步骤，大部分流程优化都可按照这个步骤来进行。

第一，流程优化步骤之流程梳理与分析

流程优化的第一步是对现有流程进行全面梳理与分析。这需要关注以下方面：

根据流程的层级关系，梳理出组织各层面与部门的主要工作流程，建立

清晰的流程架构与路线图。这可以从整体上把握工作流转的全貌，判断不同流程之间的逻辑关系与衔接情况，发现跨部门协作存在的问题。这需要管理者在组织结构与运转机制上有清晰的认知，要能够准确判断工作重心所在。

对每个流程进行定性与定量的详细分析。定性分析需要描述流程在时间、空间与资源要素等方面的具体特征，判断流程设计的合理性；定量分析需要统计流程的周转时间、产出指标等，了解流程的运行效率与成果贡献度。这需要管理者选择适宜的分析工具，收集准确的一手数据，在数据分析与问题判断上有较强的能力。

找出影响流程效率与效果的关键因素，判断工作中的薄弱环节与改进空间。这需要管理者具备对环境与要素的系统判断力，要能够在复杂的流程中准确抓住关键节点，发现问题的根源所在。管理者需要在业务素质与专业知识上有比较深厚的积累，具备对流程进行诊断和改造的眼光与技能。

梳理流程细节，对每个步骤所包含的具体活动进行定性描述，设定时间、资源消耗的标准，并通过抽查的方式掌握实际情况。这可以让管理者全面了解流程在操作层面的实施情况，发现工作中具体哪些环节的执行与预期存在差异，哪些需要有针对性地加强管理或进行修正。这需要管理者在流程管理上采取比较精细化的态度，要通过直接深入一线了解具体情况。

第二，流程优化步骤之流程优化

流程优化的第二步是通过对关键资源的重组与调配来优化流程，以提高流程效率。这需要关注以下方面：

判断流程运行中亟须补充或紧缺的资源类型与数量。这需要管理者根据流程分析结果，准确判断哪些环节的资源配置不足以支撑工作需求，导致流程效率低下或难以正常运转。管理者需要在对流程运行机制与要素依赖关系上有清晰判断，准确找到资源敏感点。

整合现有资源，在组织内部寻找可再配置的资源进行补充。这需要具有资源统筹与配置的能力，可以在复杂的资源网络关系中找到最优的重组方案。在资源紧缺的情况下，需要管理者具有资源创新与补充的手段，能通过外部采购或内部培育等方式解决资源短缺问题。

对关键资源进行集中配置，提高资源使用率与流程连贯性。这需要管理者具备对资源依赖关系与互动效应的判断力，要能够准确抓住资源使用的关键点，实现资源的匹配与集聚。因此，管理者在对组织资源与要素的把握上要达到比较全面与深入的水平。

对资源进行标准化管理与定期评估，需要设定资源使用的标准与频率，建立监测机制定期评价资源配置与使用效果。这可以确保资源的高效利用与及时补充，防止资源的过剩或短缺。这需要管理者具备对资源管理的长期眼光，能通过制度与技术手段实现资源的规范化运作。

优化资源配置的同时，也需关注与之匹配的决策机制与激励措施，要重新设计与流程相符的决策模式与考核体系，使员工的行为与决策与现有资源相适应。这需要管理者在制度创新与变革管理上有较强的能力，在资源优化的同时能推动与之相匹配的管理机制改革。

第三，流程优化步骤之流程尝试

流程优化的第三步是通过试点的方式对新流程进行验证与修正。具体关注以下方面：

选择流程优化难度适中的工作内容，在有限范围内进行流程重构与再设计。这需要管理者根据流程优化的难易程度与预期效果，选择一两个适宜的工作环节作为试点，在较小范围内对流程进行重塑，以便于后期的监控与修正。

制定试点的时间表与监测标准，对新流程运行情况进行严密跟踪。这需要针对试点范围设定时间节点与监控指标，通过定量与定性的评价手段，全面掌握新流程实施的效果与存在的问题。

试点过程中发现的问题要及时修正与调整，这需要管理者密切关注新流程在具体操作层面存在的偏差与障碍，并且有能力对流程设计进行快速修正，尽快消除新流程在推行中遇到的各种困难与阻力。

试点效果达到预期目标后，需要在更大范围内推广新流程，但仍需保持监测的态度。这需要管理者在判断试点成效的同时，也要意识到在更广范围内实施时，难度与复杂性会进一步加大。所以，在新流程推广过程中，仍需要保持监测的频率，发现新的问题与改进机会，不断加以修正，使新流程在初始阶段达到稳定运作。

第四，流程优化步骤之流程推行

流程优化的第四步是推行优化后的新流程，这需要考虑以下方面：

新流程的宣传与培训。要多方面地宣传新流程的内容、特点与预期效果，并组织培训，使员工全面理解，并熟练掌握新流程的具体操作要求。这需要管理者选择合适的方式与手段进行新流程的推广与培训，在内容设计与培训方法上下功夫，确保员工理解与掌握新流程，这是新流程成功推行的前提。

细致指导新流程在各环节的试运行，在实践中不断消除疑问与困难。要在新流程推行初期，对各个岗位与职能部门进行现场指导，在实际操作中不断检验与修正，解决员工在理解与掌握新流程时所遇到的问题。

建立新流程的监测机制与遵循机制，对新流程的实施情况进行定期跟踪与检查。这需要管理者选择流程运行的薄弱环节与关键点进行密切监控，在发现问题的时候有能力进行及时修正。

根据新流程推行的效果不断修正与改进，通过小幅调整逐步提高新流程的稳定性与成熟度。这需要管理者在新流程推行的各个阶段，定期评估实现效果，发现新流程在全面推行后的新问题与改进空间，并有能力对新流程进行修正与再造，不断消除推行中的障碍，提高新流程的可操作性与适应性。

第五，流程优化步骤之流程运营

流程优化的第五步是对新流程的长期运营与管理。具体关注以下方面：

建立新流程的标准化作业与持续监控机制。要对新流程的每个环节设定量化的工作标准与监测指标，通过信息系统实现对关键节点的监测与报警。这需要管理者具备选择和运用管理技术的能力，要利用信息化手段提高新流程的规范化管理水平。

根据环境变化不断检查新流程的适应性，发现新流程在长期运行中出现的新问题，并进行修正。这需要管理者具备判断外部环境对流程产生的影响力，并能够通过与环境的磨合不断修正流程，确保流程的顺应性。

新流程长期推行后形成的惯性，会减弱员工的质疑，并增强相关意识，管理者需要定期对新流程进行再审视与检验。这需要从更高的层面上重新审视新流程是否仍然适应战略目标的实现，在长期执行中是否积累了新的问题，是否需要进行调整来进一步提高新流程的成效。

将新流程的运营状况与效果进行定期汇报，供上级管理者或董事会再审与决策。这需要管理者具备将新流程的数据与信息进行有效分析与汇报的能力，通过良好的信息沟通，促进组织各级管理者对新流程运营有共同的认知与判断。

经过长期推行与运营，新流程逐步融入组织文化，形成稳定的管理惯例与工作机制。这需要管理者通过持之以恒的培训、宣传与执行，使新流程在组织各个层面生根发芽，最终内化为企业独特的管理机制与核心竞争力。

业务流程持续优化：设立专员、考核绩效、理顺管理

流程在优化完成后，并不意味着结束，因为流程优化要追求长治久安，要进行持续改进。为保证流程的持续优化和落实，需要从以下几个方面入手。

第一，业务流程持续优化之设立专员

业务流程持续优化首先要设立专门的流程优化人员或专员。这些流程优化人员要扮演建筑师、外交家、传教士、领导者、发言人、主人翁等不同的角色，并能发挥角色的作用。

要设立专门负责流程优化的岗位，专职负责流程的持续梳理、分析与改进。这需要企业在组织设置上有一定的投入，但也可以通过内部选拔、培养等方式进行，将有潜质和对其感兴趣的员工选拔出来，专门负责流程优化的工作。

要对流程优化专员进行系统和前瞻性的培训，使其在流程管理知识和方法论上得到系统提高。这需要企业投入资源举办内部培训，也可以邀请外部专家进行培训，使流程优化专员在理论和技能上不断精进，为后续的工作奠定基础。

要为流程优化专员配备必要的管理技术或工具，以提高其工作效率与水平。这包括流程建模软件、在线监控系统、数据分析工具等。这需要企业在管理技术与信息化建设上有一定投入，为流程优化工作提供技术支撑。

要给予流程优化专员一定的权限与资源，以便于其开展流程评估、调研与试点工作。这需要企业在流程管理上采取比较扁平化的架构，赋予专员一定的自主权，在具体流程优化的设计与试行上有所作为。

要定期评估流程优化专员的工作效果，并及时提出改进建议。企业要建立一定的评价体系，对专员的工作情况与效果进行检验，并定期提出工作改进的意见与要求。

第二，业务流程持续优化之考核绩效

业务流程持续优化需要建立流程绩效考核机制。这需要关注以下方面：

选择适当的考核对象，既可以针对流程优化专员本身的工作情况进行考核，也可以扩大到涉及流程优化的相关岗位或部门。考核的广度与深度需要根据企业的实际情况来定。

制定科学的考核指标。流程绩效管理是通过对时间、成本、质量与风险等关键业绩指标的分析，来及时反映企业经营状态，检验企业经营策略与业务流程设计的合理性，并实时提出优化建议的。因此，科学的考核指标应该有时间指标，即订单完成时间；成本指标，即人、财、物等经营要素的使用成本状况；质量指标，即企业内部的质量控制和企业外部的质量水平；风险指标，即财务风险和市场风险。

确定合理的考核方式，可以采取定期报告、现场评估、网络调研等方式开展考核，也可以组织专家评审团进行考核，或邀请第三方进行评估。这需要企业在考核方式的选择上科学高效，针对不同考核对象选择不同的考核方式。

建立信息系统或考核平台，对考核过程、评语与结果进行记录，这有利于考核过程的规范化和对结果的追踪。要在信息建设上有一定的投入，选择适当的技术手段提供支持。

　　根据考核结果制定改进措施并落实，这是考核的终极意义所在。要在考核设计上有针对性，能够发现问题与改进空间，并根据结果制定可操作的改进方案。

第三，业务流程持续优化之理顺管理环节

　　业务流程优化需要理顺组织管理。其中要关注以下几个方面：

　　梳理组织结构与职责，厘清流程所有者、管理者与操作者之间的关系。要对现有的组织结构进行梳理，明晰流程优化涉及的关键岗位与部门在流程管理与运行中的角色与义务。

　　简化管理层级，授权给一线管理者和操作者，这可以提高流程运转的效率与灵活性。要在传统的组织管理观念上有所突破，在流程管理上采取较扁平的组织形式，将部分决策权限下放到流程的操作层面。

　　调整岗位职责，消除在流程运行中出现的职责重复或缺失现象。要对个别岗位的工作内容进行重新梳理与界定，明确各岗位在流程运行中的分割点与衔接方式，能够从流程管理视角重新审视岗位设计，重新构建更加合理的工作职责要求。

　　建立跨部门的协同机制，特别在流程优化或问题解决时能够快速联动。该机制要在资源调度和组织协作方面有较强的能力，能够在具体工作或问题上快速整合相关资源，实现跨部门、跨专业的有机协作。

　　完善流程管理的相关制度与规章，为流程的标准化管理与运转提供基本遵循，尤其要注重建立业务流程合规性审核体系。以人工执行的方式，在统一的业务流程管理平台上设计一个整体流程合规性审查系统，按照一定的频率和周期对流程中的关键节点进行持续的合规检查，并发布流程合规审查风险报告。

流程框架体系优化：分析业务模式，形成流程清单

流程框架体系就是优化企业的框架及企业的业务，最终形成流程清单。框架体系优化的核心是对业务模式的分析和流程清单的形成，流程清单和业务模型最终在企业组织中实施，并在此基础上调整组织模式，调整企业的职能分配、岗位职责和部门职责。这就是流程框架体系优化的实现，也称为"业务流程重组（BPR）"。

第一，业务模式的分析

在流程框架体系优化过程中分析业务模式，要从战略高度审视企业业务发展方向，厘清宏观的业务流程架构；要深入剖析各业务流程的属性与特征，寻找流程之间的内在关联；还要评估现有流程在满足业务发展需要方面的优劣，找到流程重构的切入点与空间。具体要关注以下方面：

明确业务发展战略和市场定位，这为流程优化提供方向性的指引。要分析企业的发展战略与目标，明晰目标市场与定位方向，判断关键的业务模式与内容。

弄清业务流程的宏观架构，包括主要的业务流程与运行模式。要从更高的层面上审视企业的业务运行全貌，厘清关键业务模块与运行的基本形式，并采取系统思维对企业业务运行进行把握与判断，抓住宏观业务结构与关键业务流程。

分析各业务流程的主要特征，包括流程的性质、规模、复杂度、排他

性、重要性等。要对各个业务流程的属性与特征进行深入剖析，为流程的进一步优化与重构提供依据。

找出业务流程之间的相互关系，包括上下游关系、并行关系和重新配置的条件与可能。要在局部流程之间探寻其内在的逻辑关联，判断各流程之间的依存与促进。在分析各流程功能与属性的基础上，挖掘流程之间潜在的协同机制，为流程再造寻求新的结合点。

评估现有业务流程的合理性与优化空间，这为流程重构确定具体的方向与空间。要对现有的业务流程在满足业务发展需要方面进行判断，找出流程结构与执行上存在的问题与不足，为后续的流程重塑寻找切入点。

第二，流程清单的形成

在流程框架体系优化过程中形成流程清单，需要在流程的识别、归纳、梳理、核实和层次划分等方面下足功夫。

确定流程清单的分类标准，通常可以按业务模块、工作性质等进行分类，也可以考虑流程的上下游关系进行分类。分类标准的选择要兼顾流程优化工作的侧重点与管理者的认知习惯。这需要在分类方案的选择与设定上具有灵活性与可操作性。

梳理出各业务模块或工作内容对应的关键业务流程，同时要将现场调研与管理者的经验判断相结合。

补充发现的新的业务流程，对现有的流程清单进行更新与修订。

梳理流程清单，去除相同或重复的流程条目，合理调整流程在清单中的位置关系。

对流程清单的内容进行核实与修正，要采取专家评审、员工确认等方式对清单内容进行校核。可以在流程清单形成过程中让专家评审和广大员工共同参与，进行必要的验证，以确保清单的准确性与可靠性。

梳理流程清单的层次结构，运用系统思维，按流程的管理层级、复杂程度等进行划分。

优化作业流程手册，实施规范化的管理

优化作业流程手册是实施规范化管理的必要举措，要做好这个要求相关人员具有较高的流程管理与系统思维能力，具备细化流程与识别控制要素的技能，具有检验手册与发现问题的实施能力，并要能建立作业手册的长效更新机制。在具体操作上，要在手册框架的设计、作业规程的制定、控制点的选择、检验机制的运行和修订机制的建立等方面下足功夫。

第一，设计作业流程手册的框架

设计作业流程手册的框架可以采取以下方法：

明确手册的定位与用途，是操作手册、管理手册还是综合性手册，这决定了手册内容的侧重点与结构框架。手册的定位需要基于企业管理需求与优化的重点进行判断，选择最为恰当的手册用途定位。

确定手册内容的体系结构，可以按业务模块、管理层级或流程类型进行归纳层次划分。结构体系的选择需要综合考虑流程的属性特征与管理的习惯方式，选择最易于操作与管理的体系框架。

明确各级内容的包含范围与要素，不同级别的内容需要有清晰的划分标准与要素精细度。内容范围的判断需要基于流程的重要性与复杂性进行，不同级别的内容在细化程度上有明显的差异。

明确操作规程、管理要点和相关制度等内容的分布位置。要将流程管理的各要素融入手册结构之中，操作规程位于较低级，管理要点和制度位于中高级。

设定内容更新的机制与程序，确保手册内容能够及时更新。通常要设置定期修订的时间点，明确修订程序与要点。

第二，制定作业流程手册的规程

制定作业流程手册的规程可以采取以下方法：

深入分析流程的具体作业内容，识别流程运行的关键步骤、控制点、资源要素以及涉及的责任人等。要对流程进行深入拆解与要素识别的能力，精确掌握流程的规范运行要求。

依据作业要素的关系与顺序进行规程的编排与组织，清晰作业流程和逻辑。要在流程梳理与呈现上有较强的技能，能够将复杂作业要素转化为条理清晰的作业流程。

明确各作业步骤的执行者与责任人，对关键步骤进行必要的提示与控制措施，包括设定控制点、控制信息等。

进行规程的评审修订，通常采取专家评审、实时检验等方式，检验规程的科学性、完整性与可操作性。同时要更新作业规程并提供必要的修订说明，方便操作人员及时了解最新规程并按要求执行。

第三，选择作业流程手册控制点

选择作业流程手册的控制点可以运用以下方法：

明确流程运行中的关键环节与决策点。这些点直接影响流程结果的正确性、及时性与经济性，因此要通过对流程的深入理解找出最为重要的控制定位。

关注资源投入与产出的关键点，包括人员、技术、资金等资源的投放或产出的时间点。

重视风险管控与质量控制的点，这直接决定产品或服务的质量水平。考虑员工行为与决策的关键点，这直接影响操作规范性与作业质量。综合判断不同角度的控制点，避免控制过度或控制不足。

第四，运行作业流程手册检验机制

运行作业流程手册的检验机制，应采取以下措施：

制定科学的检验方案，选择适当的检验对象、内容、方式和时机。这需要综合考虑流程的重要性、风险程度以及操作频度等因素选择检验对象，选择操作关键点和控制要素，考虑作业节奏和管控需要等。

组织专业的检查组进行现场检查，要选取对流程管理和内容较为熟悉的人员加入，并提供必要的培训与指导。

编制检验报告，对问题进行分析并制定整改方案，并组织相关人员开展整改。

根据检验结果评估手册的实用性与完备性，对有问题或不足的部分进行更新，确保手册的科学性与及时性。

强化规范化管理机制的意识，将检验纳入常规管理，促进管理水平的持续提高。具体来说，就是每年至少组织一次大检验，关键流程要及时进行专项检验。

第五，建立作业流程手册修订机制

建立作业流程手册的修订机制，需采取以下措施：

根据手册的定位和用途选择适当的修订频度，如操作手册每半年至每年修订一次，管理手册每年至每两年修订一次等。

建立手册内容跟踪与信息采集机制。采取工作会议、员工访谈等形式收集使用信息，为修订提供依据。

选择对作业管理和流程运行比较熟悉的管理人员与操作人员担任评审对

象，指出需要修订与改进的内容。

由手册的编制部门或小组负责信息采集，并根据专家评审形成的修订项目，在必要时组织相关人员讨论修订方案。

员工个人优化工作流程和提高效率的方法

员工个人优化工作流程和提高工作效率主要靠明确工作重点、简化流程以及不断总结提高个人工作方法等手段实现。这需要员工在时间管理、流程分析与优化、标准化管理、新技术应用以及持续学习进步等方面具备一定的技能与意识，通过对工作的持续分析与检验，不断优化工作流程和个人工作方法，实现工作的高效完成。

第一，员工个人优化工作流程的方法

员工个人优化工作流程，可以运用以下方法：

深入分析当前工作流程，从流程的全局与各个细节入手，找到目前影响工作效率的问题与瓶颈所在。

在分析流程问题的基础上，准确判断哪些步骤或审批是可简化甚至可删除的，在不影响工作质量的前提下进行流程的压缩与精简。

改进流程中的连接点与衔接处，即优化部门或岗位之间的工作交接与信息传递，使各个环节的输出能够高效快速地输入到下一个环节，从而增强各个步骤之间的协同性。

在关键的工作环节设置检查机制，采取面询、文档审核等形式开展自我监督，并在监控点发现问题后及时改进。

收集工作中遇到的具体问题，并能够将这些具体问题进行提炼，通过自我评判验证新流程的可行性，必要时进行进一步的修订完善。

第二，员工个人提高效率的方法

员工个人提高工作效率，可以运用以下方法：

在熟练公司运转流程的基础上，努力缩短个人作业流程各个步骤间的空隙与间歇时间，尽量实现衔接连贯，避免多余的"无用功"，最大限度地提高个人作业流程效率。

对工作进行系统的规划与安排，合理判断每个工作的重要性与紧迫性，避免在不重要的工作上花费过多时间而影响工作进度。

总结工作中高效的方法与技巧，制定一定的操作规程和标准流程，减少重复操作与不必要的步骤，提高工作质量与速度。

积极关注先进的技术工具与系统，在工作中广泛应用，利用自动化系统替代人工操作，最大限度地发挥技术的效率优势。

不断总结与改进个人工作的习惯，在工作实践中不断提高专业技能和优化工作方法，形成最为高效的个人工作模式。

在工作交接时提供全面清晰的资料与说明，并建立工作信息的有效沟通机制，确保工作的顺利衔接。

工具：标杆瞄准法、DMAIC、ESIA、ECRS、SDCA、ERP

对于流程的优化，不管是对流程整体的优化还是对中间部分的改进，都是通过提高工作质量、工作效率，以及降低成本、劳动的强度，节约能源消耗，从而保障产品的安全生产以及减少污染。而实现这样的目的，不能没有流程优化方法或者说优化工具。这里简单介绍标杆瞄准法、DMAIC、ESIA、ECRS、SDCA、ERP 等六个方法或工具，供选择使用。

第一，标杆瞄准法

这个标杆瞄准法又叫作"标杆管理"，是一种企业管理方法。它是通过对比研究发现行业内最成功和最具效率的管理方法、技术运用与流程设计，发现自己的不足，然后改进。运用标杆瞄准法有助于企业管理实现科学化与精益化，形成持续学习与进步的企业文化，不断提高企业的市场竞争力。

利用标杆瞄准法进行流程优化，关键是选择行业内管理水平较高的企业作为标杆，研究其流程管理的方法与技术，与自身企业进行对比分析，找出差异所在，提出针对性的流程改进举措，并借鉴标杆企业持续改进思路，建立自身的流程优化机制。这需要企业具有较强的学习能力和改进动力，不断追赶标杆企业，实现流程管理与业绩的提升。

第二，DMAIC 模型

DMAIC 模型的名称来源于分析要素"定义、测量、分析、改进、控制"的首个英文字母，是一个系统而有序的业务管理与流程优化方法论。它通过定义问题、收集数据、进行根本原因分析、制订改进方案并付诸实施，以及建立管理机制进行改进效果的持续监控等步骤，达到持续改进和提高业务质量与效率的目标。DMAIC 模型其实是实施 6SIGMA 的一套操作类方法，是管理中最经典的管理模型，其特点是侧重于已有的流程优化管理质量。

利用 DMAIC 模型进行流程优化，需要按照"定义"、"测量"、"分析"、"改进"和"控制"等五个阶段的顺序进行。要在每个阶段有计划和系统地完成关键技术步骤，通过数据采集和分析找出流程问题根源，提出切实可行的优化方案，并建立管理机制进行持续监督，以确保流程不断改进与提高客户满意度。

第三，ESIA 分析法

ESIA 分析法的名称来源于分析要素"环境、社会、信息、行为"的首个英文字母，是一种项目管理与问题解决的方法论。它通过对这四个维度进行系统分析，找出影响项目或工作的关键因素，并提出相应的对策与措施。

ESIA 分析法反映到具体的流程设计上来，可以作为一种以新的结构方式为用户提供价值的增值。操作的关键在于从多方面找到问题与改进的突破口，尽可能减少流程中无助于用户价值增值的非增值活动，调整流程中的核心增值活动。总之，ESIA 分析法可以为流程优化措施提供切入点和依据。

第四，ECRS 分析法

ECRS 分析法的名称来源于分析要素"环境、组件、资源、管理"的首个英文字母，是一种帮助人们找到更好的效能和更佳的工序的方法。它通过对这四个要素的系统检查，可以全面判断影响产品质量和工作效率的关键因素所在，找出各种潜在问题的根源，这为制订提高质量和工作效率的解决方案和改进措施奠定了基础。有一些学说在环境、组件、资源和管理之外还增加了个"增加"，即在现有工序的基础上增加新的工序，以此来提高产品质量、增加产品功能，或者为后续工作做准备等。

利用 ECRS 分析法进行流程优化，需要从环境、组件、资源和管理四个方面展开分析与检讨，找出流程运行存在的问题与影响因素。需要在各个分析要素上具备深入的判断能力，运用定性和定量相结合的方法，梳理出流程优化的突破口和方向，并据此提出科学可行的流程优化设计方案，为企业流程再造和管理创新提供依据与支持。

第五，SDCA 循环

SDCA 循环的名称来源于分析要素"标准、执行、检查、总结"的首个英文字母，旨在以标准化的方式稳定现有的流程。也就是说，它包括所有改进过有关流程的更新标准化，并且在这个流程优化过程中使它能够平衡运行下去，再进行检查的过程。而且为了确保准确性，SDCA 循环的目的就要实现这个流程的标准化以及稳定现有的流程模式，使整个过程能够满足用户的愿望以及需求。任何一个新的工作流程，初始期都会呈不稳定状态。要想稳定现有流程，就需要执行 SDCA 循环。

利用 SDCA 循环法进行流程优化，需要按照"标准""执行""检查""总结"的循环顺序持续推进。通过标准设计、执行管理、监督检查和总结改进等步骤有条不紊地组织流程优化工作，使企业的流程管理工作成为一种持续的循环过程，不断提高，与时俱进。

第六，ERP 企业资源计划

ERP 企业资源计划是指建立在信息技术基础上，以系统化的管理思想，为企业决策层及员工提供决策运行手段的管理平台。简单地说是将企业的物流、资金流、信息流三大流进行全面一体化管理的信息系统。目前用于企业的各类软件已经统统被纳入 ERP 的范畴。它跳出了传统企业边界，从供应链范围去优化企业的资源，是基于网络经济时代的新一代信息系统。它主要用于改善企业业务流程以提高企业核心竞争力。

利用 ERP 系统推进流程优化，关键是要进行更高水平的流程再造与业务集成，拓展系统的自动化应用，建立流程运行的监控机制，并持续优化 ERP 系统本身。

第九章　流程检查：让流程执行更有序

流程检查不是简简单单的"查"，而是围绕"流程的执行情况"通过检查这个手段，挖掘流程问题并持续改进。为此，本章阐述了流程检查过程中对流程绩效的评估，对单项流程的稽查、对客户满意度的评估以及企业流程检查的流程合规性审计等议题，希望做到持续优化流程，让流程执行更有序。

流程检查过程中对流程绩效的评估

流程检查过程中对流程绩效进行评估，主要是通过流程的有效性、顺畅性、效率、控制力、持续改进等事项的评估，来判断流程的实际运行效果，发现存在的问题与不足，并据此提出针对性的优化措施。

第一，流程的有效性

流程有效性的评估，主要目的是判断流程的设计和实施是否达到了管理要求和预期目标，是否产生了积极的管理效益。通过与管理要求和改进方案的对比、员工问卷调查或访谈、业务数据统计等方式，评估以下各项：

评估流程的设计理念和主要内容是否符合管理创新的总体要求，是否涵盖相关的管理要素，在描述和界定上是否具有可操作性；

评估流程实施后的关键业务数据和效率指标，判断其是否产生了较大幅度的改善或优化，这可以在一定程度上说明流程在推动管理创新中的作用和效果；

评估流程实施后员工的具体工作内容和方式是否发生较大变化，判断流程实施在多大程度上影响和改善了员工的工作方式和状态，重要工作和事项是否得到改进与整合；

评估客户、供应商或其他相关方对流程产出或服务的满意度和体验是否得到相应改善，即流程是否实现了预期的管理效益等。

第二，流程的顺畅性

流程顺畅性的评估主要目的是判断流程在实际操作中是否存在障碍或改进空间。通过工作现场观察、员工访谈、用户反馈等方式，评估以下各项：

评估流程的描述和设计是否具有清晰明了与易于理解的特点，在划分任务与责任上是否具有高度的可操作性，这有助于判断流程实施后的运行顺畅度；

评估流程实施后员工在熟悉和运用新流程的时间和努力程度，判断流程实施是否造成工作过渡期的障碍或混乱；

评估流程实际运行中是否存在制造过程的瓶颈、资源的错误分配或控制相互矛盾等问题，导致流程运行不畅或效率低下；

通过员工问卷调查或访谈的方式，了解员工在流程运行中的体验与感受，判断流程在实际操作中是否存在影响工作效率和环境的因素；

收集和分析客户或用户对流程产出或服务质量的意见与感受，判断其是否反映出流程运行过程中存在的问题。

第三，流程的效率

流程效率的评估主要目的是判断流程的运行是否达到较高的资源利用率和产出率，是否存在影响生产力和服务质量的因素。通过对相关业务数据和时间成本等进行定量分析和对比，评估以下各项：

评估流程实施前后的投入资金、人员、时间等与产出量或产值的对比，计算投入产出比的变化，判断流程的运行是否提高了资源利用效率，这是评估流程效率的直接依据；

评估流程实施对关键业务量、质量、成本等指标的影响，判断流程运行后是否取得较大幅度的改善，以反映流程在推动业务优化和管理创新中的作用；

评估流程运行过程中人员、设备、材料及时间等资源的损耗与消耗量，判断其是否处于合理的范围内，是否存在较大幅度的浪费或低效利用；

评估流程从启动到最终产出或结束所需的时间及相关工作的周期，判断其是否运转迅速、连贯，关键步骤与环节的耗时是否处于较优的范围内；

通过分析用户或客户在获取流程产出或服务的等待时间变化，评估流程运行后是否得到较大幅度的提高。

第四，流程的控制力

流程控制力的评估，主要目的是判断流程在运行过程中关键业务和资源是否得到有效管控，是否存在可以优化的监督与协调机制。

通过分析流程运行中的各个环节及其数据反馈机制，评估以下各项：

评估流程在工作划分和任务设置上是否明确关键的控制点，是否在这些控制点上制定了相应的检查标准和监督措施；

评估流程在运行中是否存在偏差或可优化的控制点，关键业务和资源是否得到有效监督和指导；

评估流程运行相关的工作是否均设置了相应的工作标准或服务承诺，这些标准在执行管理中是否得到有效执行和监督；

评估流程运行中是否建立了覆盖各个环节与控制点的数据统计与反馈机制，各类相关数据是否定期汇总分析，并在需要时反馈给相应负责人；

评估在流程实施与运行中发现的问题与负面偏差是否能及时识别和解决，是否有效地避免再次发生或扩大化。

第五，流程的持续改进

流程持续改进的评估主要目的是判断企业是否建立了长效机制来保证流程不断优化与提高。主要通过以下各项的分析，评估流程是否需要持续改进：

分析企业对流程运行情况是否定期进行评估与检查，评估报告的内容是否具有一定的深度与全面性，提供的改进建议是否切实可行；

分析流程评估后是否会及时提出相应的优化策略或方案，这些方案在实施中是否得到较好的执行与成果，这是判断企业改进意识的重要体现；

分析企业在流程运行中是否重视各类业务数据的收集与分析，是否能够基于数据发现和识别流程运行中的问题，并据此不断完善相关的管理机制与流程设计；

分析企业对员工在流程运行中提出的改进意见与建议的采纳度，这能在一定程度上反映企业改进流程的开放心态与主动性；

分析企业管理团队在新工具、新技术与新方法的学习与应用上投入的精力、管理理念与技能的更新速度，这能够反映企业在管理创新与流程革新上所具有的动力与潜力。

流程检查过程中对单项流程的稽查

流程稽查的主要目的是对单项流程的流程设计的合理性、工作标准的清晰度与可操作性、数据收集与反馈机制等的运行情况进行详细检查，找出存在的问题与改进空间，为流程优化提供切实可行的对策。

第一，对流程设计的合理性的稽查

对单项流程的设计合理性的稽查，主要目的是判断单项流程的总体框架与结构是否科学，各项工作内容是否妥善安排，关键控制点是否合理设置。稽查内容和方法如下：

稽查单项流程设计者在相关管理理论与实践上的专业知识与理解程度，设计者是否具备较强的分析问题与管理流程的能力；

稽查单项流程的大致运行过程是否由上至下，由宽至窄合理地设置与安排，重要工作内容是否涵盖，这是流程设计的基本要求。此外，还需要判断在划分部门或岗位的责任上是否符合相互配合且权责清晰的原则；

稽查单项流程运行产生的各类数据在收集与反馈上是否呈现出紧密的相互联系，各个环节的数据是否能为后续的环节所直接调用与利用；

稽查单项流程在关键业务办理与资源运用等方面，是否设置了必要的审批、检查或把关环节，这些控制点上是否明确了具体的控制标准与监督措施。

第二，对工作标准的清晰度与可操作性的稽查

对单项流程工作标准的稽查主要目的是判断标准在内容和形式上的清晰

度，以及在实际操作层面上的可执行性。稽查内容和方法如下：

稽查单项流程运行相关的各项工作标准在描述上是否比较详尽具体，重要的条件限定或例外情况是否也一并考虑在内，这有助于标准的准确理解与执行；

稽查单项流程在工作要求的指标或限值等方面是否进行了量化，是否提供了具体的计算方法或测评办法，这有利于标准的客观评估与严密监督；

稽查单项流程的工作标准制定或修订的程序是否符合相关规定，主要负责人是否参与讨论与决策，这关系到标准的权威性与可采纳度；

稽查单项流程在工作标准推行前是否已充分考虑相关条件的具备情况，是否对条件不足之处提出了相应的解决方案；

稽查单项流程的工作标准在管理要求上是否难以由相关员工准确理解或实施，是否考虑到了员工的知识结构及技能状况，这关系到标准实施后的管理成效；

稽查单项流程的工作标准实施前是否进行了必要的演练或试点，是否在小范围内开展过可行性分析，这是提高标准实用性的重要举措。

第三，对数据收集与反馈机制的稽查

对单项流程数据收集与反馈机制的稽查，主要目的是判断相关的数据是否得到及时有效的收集、统计与利用，是否真正发挥了支持决策与提高管理的作用。稽查内容和方法如下：

稽查单项流程在运行过程中所有的关键业务数据或工作情况是否均得到了记录与收集，避免由于某些数据的遗漏而影响管理判断的准确性；

稽查单项流程对数据收集与汇总是否具有较高的实时性，重要数据的收集时间是否影响其实用价值；

稽查单项流程对数据收集与填报的相关要求在操作上是否易于理解和掌

握，有关的数据来源与计算方法是否可靠；

稽查单项流程的原始数据在汇总之后是否可以体现出不同类别或密度，是否进行过必要的加工或计算，是否可以提供资料查阅的便捷性；

稽查单项流程收集的数据经过汇总后是否可以及时反馈到需要的相关人员手中，重要数据与分析结果的报告或建议是否得到管理者的重视与采纳；

稽查管理人员是否通过单项流程的数据分析的结果发现了流程管理与运行中的问题，并据此提出了改进对策，然后对这些问题和对策在实施中进行跟踪监督。

流程检查过程中对客户满意度的评估

客户对流程实施的满意度主要取决于流程的设计合理性、运行顺畅度、监督严密度、流程执行人员的技能与态度、服务承诺的达成等。因此，在流程检查过程中要对客户满意度进行评估，要基于客户需求展开，从客户的被服务水平、使用感受、继续支持度、投诉情况、意见与建议等信息，判断流程运行对客户的实际影响，进而明确在提高客户满意度上还需要加强的工作内容。

第一，分析客户服务水平的变化

分析流程实施前后，企业在响应客户需求、解决客户问题以及客户投诉处理等方面的服务水平是否显著提高，这是判断客户满意度的直接依据。

第二，调查客户使用感受

定期开展客户使用流程服务后感受的专门调查，主要了解客户在流程的便捷性、工作质量、处理速度等方面的评价与体验。这需要通过问卷或访谈等方式深入开展。

第三，收集客户意见与建议

建立客户留言或建议箱等渠道，主动收集客户对流程实施后在使用感受与期望上的具体意见与建议。这有助于发现存在的问题并及时提出改进措施。

第四，统计客户投诉情况

统计流程实施后的客户投诉类别、数量及处理情况，判断在流程设计或运行上是否存在较大改进空间。这需要定期开展客户投诉的分类分析与跟踪。

第五，分析客户满意度与忠实度

分析流程实施后关键客户群体对企业服务的满意度与忠实度是否有所提高，对扩大市场份额或购买量是否产生明显正向影响。这关系到流程实施的最终效果。

企业流程检查的流程合规性审计简述

流程的合规性审计主要从两个方面进行审计，一方面是判断企业流程在设计和运行方面是否符合相关的法律法规与组织政策要求；另一方面是从企业流程本身的完整性、质量、运行、创新等维度进行审计，以发现流程缺陷与短板，并及时提出预警，进而为企业规避潜在的经营风险。

第一，法律法规及行业规范方面的流程合规性审计

法律法规及行业规范方面的流程合规性审计，主要包括是否遵循法律法规、是否遵守行业规范、是否符合组织政策三方面的内容。这需要审计人员对相关法律法规、行业规范有比较系统和深入的理解，并具有较强的政策法规理解能力和问题发现能力，这样才能准确地把握流程合规性方面的情况。

对于法律法规的遵循性，需审计流程的各项规章制度或运行机制是否符合国家相关法律法规的总体要求，在制定或运行上是否存在违规或不足之处。

对于行业规范的遵守性，需审计流程在专业领域相关的各项管理要求或操作规范上是否基本达标，是否存在较大偏离或滞后现象。

对于组织政策的符合性，需审计流程在目标定位、制度设计及资源配置等方面是否符合企业相关的管理制度、发展战略与经营方针。

第二，企业内控方面的流程合规性审计

在企业内控方面，流程审计的首要任务，便是审计流程的合规性，即合规性审计。流程是否合规可从以下五个维度入手展开审计：

从系统完整性的维度审计流程。这方面要从目标的高度一致性开始，即公司的目标从公司到部门、从部门到团队、从团队到个人，在分解后是否仍然高度一致，流程的节点责任是否清晰明了。可以使用 5W1H 模型来审计流程的完整性是否存在不足。

从质量的维度审计流程，除了前面说的法律法规层面的内容外，要审计公司产品标准与流程制度是否具有一致性，审计流程是否根据实际的业务单元来设计控制节点。

从运行环境的维度审计流程，主要是审计流程从设计、评审、颁布到实施的环境是否合规，诸如领导层的重视程度、员工的执行力、流程文化建设，等等。

从执行的维度审计流程，主要是审计流程的执行是否形成了内部自评机

制，尤其是执行部门是否自我检查与完善。

从创新的维度审计流程，主要是审计是否有不断创新的机制和体制，包括流程审计的创新、流程监管机制的创新、流程载体与应用价值创新等。以流程载体的创新为例，工业化发展已经迈入 4.0 时代，流程的载体也进入了 IT 化时代，流程的载体也应不断创新与科技发展同步。例如我们前面讨论过的用 IT 手段固化流程就属于流程载体创新。

后 记

　　本书系统地介绍了企业制度和流程建设的全过程，包括顶层设计、流程优化、制度编制、培训实施和持续改进等关键环节。通过阅读这本书，企业管理者，应该能对公司制度和流程建设有一个较为系统和清晰的认识。

　　然而，要想真正实现企业的规范化管理，仅靠一本书是远远不够的，还需要管理者投入大量时间和精力，组织相关人员共同努力，真正将书中介绍的方法转化为企业管理实践中的可操作制度和程序。而做到这一点的关键是要在理解理论和方法的基础上，结合企业自身的实际情况进行创新与运用，才能形成切合企业需求的管理模式和运作体系。

　　在继续推进企业制度与流程建设的过程中，管理者要时常检讨和总结工作，发现存在的问题，并加以修订完善。企业内外部的环境在不断变化，管理要求也在提高，原有的制度和流程未必适应新形势，这就需要管理者具有前瞻性的思考，及时将其优化和调整，使之符合企业发展的需要。这是一个枯燥而繁重的工作，需要管理者付出持之以恒的努力，才能真正建立一套生机勃勃、充满活力的管理体系。企业制度和流程的落地还需要广大员工的共同支持与配合，企业要通过多形式的培训，让全体员工理解和熟悉新的管理要求，并在日常工作中落实执行。只有当新系统成为广大员工习惯遵循的行为准则时，企业的管理模式才算真正实现。所以，管理者要在制度制定后，做好员工的引导与监督工作，这也是整个制度落地及流程执行过程中最为关键的一环。

　　企业制度与流程的有效落地，不是一蹴而就的活动，而是一项长期的、循环的管理过程，需要不断检讨、修订、完善，并得到广大员工的理解与支持，最终形成以制度和流程为基础的企业管理体系。只有在"知行合一"上下足功夫，才能把书中介绍的方法论真正应用在企业管理实践之中。

参考文献

［1］张婷婷 . 胜在制度赢在执行［M］. 长春：吉林文史出版社，2017.

［2］秘祖利 . 管理就是定制度，走流程，抓执行［M］. 北京：国纺织出版社，2018.

［3］周贤 . 流程执行力——如何让企业的流程执行起来［M］. 广州：广东经济出版社，2016.

［4］王永东，孙宗虎 . 企业运营管理流程设计与工作标准［M］. 北京：人民邮电出版社，2021.